短時間で作れる
麻ひもバッグと小物
jute yarn bag and small article collection.

日本文芸社

Introduction
✽✽✽

針と糸があればすぐにはじめられるのが、
編み物の魅力。
その中でも、麻ひもを使ったアイテムは
ナチュラルな風合いで日常生活になじみやすく、
丈夫で使いやすいのが特徴です。

本書では、初心者でも短時間で作れる簡単なものから
慣れてきた人向けの少し凝ったものまで、
バリエーション豊かに取りそろえました。
麻ひもだけを使ったものはもちろん、
リネン糸や異素材を合わせたアイテムも紹介。
さらに、初心者でもすぐにはじめられるよう、
編み物をきほんから丁寧に説明します。

カラーも豊富な麻ひもを使って、
自分だけの特別なアイテムを作ってみましょう。

contents

ツートーンカラーの松編みバッグ …… 4	がま口風サークルポーチ …… 33
麻ひもとリネン糸のミックスバッグ …… 6	ドット柄のポーチ …… 33
麻ひものモチーフバッグ …… 7	ボックスティッシュケース …… 34
タッセル飾り付きマルシェバッグ …… 8	バスケット …… 35
幾何学模様バッグ …… 10	がま口の小物入れ …… 36
ネット編みのグラニーバッグ …… 11	英字入りポーチ …… 37
花柄の編み込みバッグ …… 12	
一本手しずくトート …… 14	編みはじめる前に …… 38
3枚をつなぎ合わせるバッグ …… 15	編み図とゲージ …… 39
ネット編みのショルダーバッグ …… 16	かぎ針編みのきほん …… 40
異種素材持ち手のマルシェバッグ …… 18	バッグのきほんの編み方 …… 45
リフ編み模様のバッグ …… 20	ここが知りたい！ 麻ひもQ&A …… 47
麻ひものホーボーバッグ …… 22	
ナチュラルカラーの麻ひもポシェット …… 23	作品の作り方 …… 48
大人ボーダーの麻ひもバッグ …… 24	
麻ひもの網バッグ …… 26	
バスケットトート …… 27	
立体モチーフつなぎバッグ …… 28	
ふっくら三角トート …… 29	
編み込み模様のトートバッグ …… 30	
サークルバッグ …… 32	

きほんの編み方で編める
シンプルなアイテムを
たくさんそろえました！

ツートーンカラーの松編みバッグ
✴✴✴
シンプルな細編みに松編みを組み合わせた、ツートーンカラーのバッグです。
松編み部分の色や素材でオリジナリティを出すのも◎

Design&Make ● ATELIER *mati* ／ How to Make ● P.48
使用糸　01　ウィスター クロッシェジュート〈細〉：ナチュラル・白
　　　　02　ウィスター クロッシェジュート〈細〉：白、洗えるコットングラデーション：赤

バッグ口の松編みがレース風になり、ガーリーな雰囲気に。色や素材を変えることで、雰囲気が変わります。お好みのものを合わせてみましょう。

コンパクトだけどしっかり入るランチトートサイズ。日常使いはもちろん、ピクニックなどの行楽にもぴったりです。

03

麻ひもとリネン糸のミックスバッグ
***
白い麻ひもにリネン糸をプラスした、落ちついた雰囲気のミックスバッグです。
リネン糸を一緒に編むことでオリジナリティを出しました。
A4が縦に入るサイズで持ち手も長いので、機能性もばっちり

Design&Make ● 釘宮啓子（copine）／ How to Make　P.50
使用糸 ● ウィスター クロッシェジュート〈細〉：白、リネン糸〈中細〉：イエロー

麻ひものモチーフバッグ
✳✳✳
ひし形のモチーフをつなげてバッグにしました。
麻ひもならではの質感とナチュラルさでファッションのアクセントにも

Design&Make●草本美樹／How to Make●P.52
使用糸●ダルマ手編み糸 麻ひも：きなり

バッグ全面に広がった模様編みが、優しく繊細な雰囲気を演出します。

タッセル飾り付きマルシェバッグ
✱✱✱

模様編みが特徴のマルシェバッグに、タッセル飾りを付けてワンポイントにしました。
A4がしっかり入るサイズは、どんなシーンでも活躍します

Design&Make ● 橋本真由子 ／ How to Make ● P.54
使用糸 ● ハマナカ コマコマ：ベージュ

幾何学模様バッグ
✳✳✳
二色を編みくるみながら作る幾何学模様のバッグです。
ナチュラルと黒のカラーを組み合わせることで、シックで上品なアイテムに仕上げました

Design●トヨヒデカンナ　Make●大胡のぞみ ／ How to Make●P.56
使用糸●ハマナカ コマコマ：黒・ベージュ

ネット編みのグラニーバッグ

＊＊＊

ネット編みを四角に編んでから持ち手とサイドを編むだけの、簡単グラニーバッグです。
編み図は難しく見えますが、編み方はとても簡単。
まだまだ編み物初心者という人もぜひチャレンジしてみてください

Design&Make ● 工房あ〜る／How to Make ● P.58
使用糸 ● 後正産業 MIEL：コルク

Ａ４サイズもしっかり入る大きめサイズは、日常使いはもちろん、レジャーなど大きな荷物を入れる際にもぴったり。

印象的な大きな花柄模様は、黒糸を編み込みながら柄にしていきます。好みのカラーを合わせれば、オリジナルの完成です。

花柄の編み込みバッグ
✤✤✤
大きな花柄模様がかわいい編み込みバッグです。
組み合わせる糸で変わる雰囲気を楽しんでみてください

Design&Make ● 釘宮啓子（copine）／ How to Make ● P.60
使用糸 ● ダルマ手編み糸 麻ひも：きなり・黒

一本手しずくトート
✽✽✽

増やし目と減らし目をしながら形をしずく形に表現したバッグです。
二本の持ち手にハンカチを巻いたり牛革をつけて、一本にしました

Design&Make ●amy &compath ／ How to Make ●P.62
使用糸 ●09 ウィスター クロッシェジュート〈細〉：ナチュラル
10 ウィスター クロッシェジュート〈細〉：青、ウィスター パステルコットン〈細〉：青

3枚をつなぎ合わせるバッグ
✱✱✱

大きなモチーフを3枚作り、あずま袋風に仕上げたバッグです。
同じカラーで作ったコサージュをワンポイントにしました

Design●トヨヒデカンナ　Make●大胡のぞみ／How to Make●P.64
使用糸●ハマナカ コマコマ：黄色・白

同じ色で編んだコサージュも
簡単に仕上がります。

ネット編みのショルダーバッグ
✤✤✤

四角底のコロンとした形がかわいいネット編みのショルダーバッグです。
レーシーな雰囲気ですが、バッグ底に細編みを使って丈夫な作りにしました

Design&Make ● 工房あ〜る ／ How to Make ● P.66
使用糸 ● ウィスター クロッシェジュート〈細〉：白・青

長財布や手帳もらくらく入る大容量サイズなので、日常使いはもちろん休日のおしゃれにもぴったり。

ショルダーひもは特徴的なエビ編みを使ってアクセントに。ショルダーひもの付け根にもこだわった、かわいらしさが詰まったバッグです。

異種素材持ち手のマルシェバッグ
***
シンプルなマルシェバッグの持ち手に、麻ひも以外の素材を使用しました。
持ち手を麻ひもで編んでからリボン巻いて取り付けたり、
持ち手用の穴を作ってお気に入りの布を通したり、
好みや用途に合わせて少しだけ工夫して、オリジナルを作ってみましょう

Design&Make ●Knitting.RayRay（レイレイ）／ How to Make ●P.68
使用糸●コクヨ麻ひも：きなり

花柄模様のように見えるリフ編みを細編みの間にはさみ、単調になりがちなきほんの形のアクセントにしました。

持ち手を革で巻くことで、長時間使用しても痛くならず、バッグの印象もぐっと変わります。

リフ編み模様のバッグ

✳✳✳

王道の細編みバッグの間に編んだリフ編み模様が印象的なバッグです。
持ち手は革でくるむことでより使いやすくし、落ち着いた雰囲気にまとめました

Design&Make ●Knitting.RayRay（レイレイ）／How to Make ●P.70
使用糸 ●コクヨ麻ひも：きなり

15

麻ひものホーボーバッグ
***

色の組み合わせ方と形で上品に仕上げたホーボーバッグです。
大きすぎないサイズ感は、スマートカジュアルなシーンにもおすすめです

Design&Make ● 草本美樹 ／ How to Make ● P.72
使用糸 ● ダルマ手編み糸 麻ひも：きなり・黒

ナチュラルカラーの麻ひもポシェット
✻✻✻

細編みと中長編みで編める簡単なポシェットです。
きほんの編み方だけで編めるので、編み物初心者の方にもおすすめ

Design&Make ● ATELIER*mati* ／ How to Make ● P.74
使用糸 ● ウィスター クロッシェジュート〈細〉：ナチュラル

⑰

大人ボーダーの麻ひもバッグ
✳✳✳

ブラックとゴールドの糸の組み合わせで編むことで
カジュアルな定番のスクエアバッグを上品にまとめました。
持ち手をウッドにしてシックな雰囲気を醸し出しています

Design&Make ●編み物屋さん [ゆとまゆ] 吉田裕美子 ／ How to Make ●P.76
使用糸●ウィスタークロッシェジュート〈細〉：黒、ウィスタールチア：ベージュ

⑱

黒の麻ひもの間にはさんだゴールドカラーが印象的。持ち手とのつなぎ目にもこだわりました。

日常使いにぴったりの大容量サイズ。オフィスバッグとしてはもちろん、休日のおしゃれにもぴったりです。

中にお好みの巾着を入れると雰囲気が変わり、小さな小物やポーチなども入れて持ち運べます。

⑲

麻ひもの網バッグ
✳✳✳

漁師網をイメージした網バッグです。夏のお出かけグッズを入れたり、お気に入りの生地で作った巾着を入れて使えばオリジナル感がUPします

Design&Make ● 編み物屋さん [ゆとまゆ] 吉田裕美子 ／ How to Make ● P.78
使用糸 ● ウィスタークロッシェジュート〈細〉：ナチュラル・水色

バスケットトート
✽✽✽

黒の持ち手をぐるっと付けた、大人かわいい雰囲気のトートバッグです。
バッグ口にクラフトテープを入れて、バスケットのように形が保たれるようにしました

Design&Make ●amy &compath ／ How to Make ●P.80
使用糸 ●ウィスタークロッシェジュート〈細〉：ナチュラル・黒

立体モチーフつなぎバッグ

✽✽✽

立体モチーフをつなぎ合わせたモチーフバッグです。
個性的な形のバッグは、ファッションにアクセントを加えたいときにおすすめ

Design●トヨヒデカンナ　Make●大胡のぞみ ／ How to Make●P.82
使用糸●ハマナカ コマコマ：グリーン

ふっくら三角トート
✳︎✳︎✳︎

細編みと長編みを組み合わせた三角のトートバッグです。
小ぶりだけれどしっかり入るコンパクトサイズ。
長編みを多く使い、軽い仕上がりにしました

Design&Make ● amy &compath ／ How to Make ● P.84
使用糸 ● ウィスタークロッシェジュート〈細〉：ナチュラル

編み込み模様のトートバッグ

❋❋❋

白と青のマリンカラーで編む幾何学模様のバッグです。A4サイズの書類がすっぽり収まるサイズで、持ち手も長いので機能性も十分です

Design&Make ●Knitting.RayRay（レイレイ）／How to Make ●P.86
使用糸●コクヨ 麻ひも：ホワイト、nutscene 麻ひも スプール：ブルー

㉓

A4サイズがしっかり入る大容量のバッグは、どんなシーンでも活躍します。

おしゃれで特徴的な模様は、シンプルな洋服のアクセントにも向いています。

サークルバッグ

✳✳✳

人気のサークルバッグをツートーンカラーで編みました。
モチーフを2枚編んではぎ合わせる簡単仕様なので、短時間で仕上げたい人にもおすすめです

Design&Make ●草本美樹／How to Make ●P.88
使用糸 ●24 ダルマ手編み糸麻ひも：ホワイト・グレー
　　　　25 ダルマ手編み糸麻ひも：きなり・ピンク

がま口風
サークルポーチ
✳︎✳︎✳︎

ビーズを二つ付けることでがま口風に
仕上げたサークルポーチです。
ちょっとした小物を入れて
バッグチャームのように使えば、
バッグのアクセントにもなります

Design&Make
編み物屋さん [ゆとまゆ] 吉田裕美子
How to Make ●P.90

使用糸
ウィスタークロッシェジュート〈細〉：エンジ

ドット柄のポーチ
✳︎✳︎✳︎

マチ付きポーチにドットを付けて
ポップにまとめました。
ドットは別に編んでから付けるので、
自分の好きなモチーフに変えて
アレンジするのもおすすめです

Design&Make
橋本真由子
How to Make ●P.91

使用糸
ハマナカ コマコマ：青・白

ボックスティッシュケース
✳✳✳

まっすぐ編んでサイドをかがり、ひもを付けたら完成するボックスティッシュケースです。
ボックスティッシュのサイズに合わせて目数を変えて、オリジナルケースをつくりましょう

Design&Make ●工房あ～る ／ How to Make ●P.92
使用糸 ● 後正産業 MIEL：コルク

バスケット

側面の透し模様がかわいい、卓上で使える小物入れです。
リビングやキッチン、どこに置いてもなじむ使いやすいアイテムです

Design&Make●橋本真由子／How to Make●P.93
使用糸●ハマナカ コマコマ：茶色

㉙

がま口の小物入れ
✱✱✱

ころんとしたかわいい形のがま口の小物入れは、コインケースとしてはもちろん、
アクセサリーや鍵などの小物もたっぷりと入ります

Design&Make ● 工房あ〜る ／ How to Make ● P.94
使用糸 ● **30** ウィスタークロッシェジュート〈細〉：深緑
　　　 31 ウィスタークロッシェジュート〈細〉：ナチュラル

英字入りポーチ
✳✳✳

きほんのポーチの形に英字がアクセントになった麻ひものポーチです。
ポケットティッシュやハンカチなど、日常アイテムをまとめるのにぴったり

Design&Make ●草本美樹 ／ How to Make ●P.95
使用糸 ●32　ダルマ手編み糸麻ひも：赤・白
　　　　33　ダルマ手編み糸麻ひも：水色・白

編みはじめる前に

編み物をはじめる前に、きほんの道具や針と糸の扱い方について説明します

✽ きほんの道具

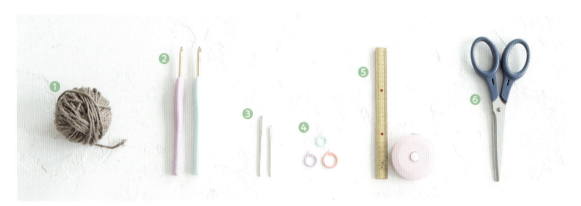

❶ 麻ひも
ナチュラルな風合いが特徴の麻ひもは、梱包やラッピングだけでなく、編み物用の糸としても人気があります。丈夫な糸なので編んだあとの型くずれがしにくく、バッグだけでなく、小物やインテリアなどさまざまな用途で使用することができます。

❷ かぎ針
かぎ針編みをするときに使用する針です。木製やプラスチック製、金属製などさまざまな種類があるので、自分に合ったものを使いましょう。かぎ針の太さは号数で表わし、数字が大きくなるに従って太くなります。10/0号より太いかぎ針は「ミリ」で表わします。

❸ とじ針
編み地のとじはぎや、糸始末するときに使います。糸の太さに合わせて使い分けましょう。

❹ 編み段マーカー
編んでいるときに段数が分かるよう、編み地につける道具です。

❺ 定規・メジャー
作品のサイズや糸の長さを測るときなどに使用します。

❻ はさみ
糸を切るときに使用します。専用のはさみでなくてもOKです。切れ味のいいものを使用しましょう。

✽ 針と糸の扱い方

糸のかけ方

1 糸端から20cm程のところを、利き手とは逆の手(写真では左手)の小指と薬指の間に挟みます。

2 人さし指を立てて、中指と親指で糸をつまみます。

針の持ち方

利き手(写真では右手)で針先から4〜5cmのところを鉛筆のように持ちます。

編み図とゲージ

本書に掲載している作品の編み方に出てくる「編み図」と「ゲージ」について説明します

✤ 編み図の見方

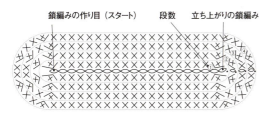

「鎖編みの作り目から輪に編む」編み方

左から右に向かって編みます。作り目の鎖編みに細編みなどを必要目数編み入れて輪にし、常に編み地の表側を見ながら、外側に向かって反時計回りに編んでいきます。

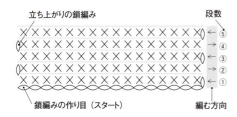

「往復編みで編む」編み方

左下から右に向かって編みます。段ごとに編み地をひっくり返して、編み地の表側と裏側を交互に見ながら編んでいきます。

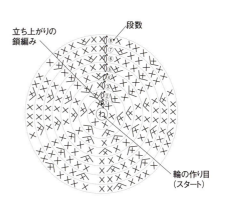

「輪の作り目から編む」編み方

輪に編むときは、輪の作り目に細編みなどを必要目数編み入れ、段の最後に引き抜き編みをします。常に編み地の表側を見ながら、外側に向かって反時計回りに編んでいきます。

✤ ゲージの見方

ゲージとは？

ゲージとは、編んだ編み地の10cm平方の中の段数と目数を数えたもので、編むときの大きさの目安になります。寸法図と同じサイズに仕上げたいときは、ゲージを編んで編み目を測ってから編みはじめましょう。ゲージは、まず15～20cm程度の正方形の編み地を試し編みし、アイロンをかけて平らにした編み地の中央10cm×10cmの中の段数・目数を数えます。

ゲージの算出方法

ゲージは、まず1cmの段数と目数を求めたあと、作品のできあがりサイズとかけることで、全体の段数と目数が算出できます（小数点以下は四捨五入）。

（例）　ゲージ／細編み15目20段＝10cm平方
　　　　できあがりサイズ／幅30cm、高さ20cm

①1cm平方の目数と段数を求める
　　15目÷10＝1.5目　20段÷10＝2段
②できあがりサイズとかける
　　幅30cm×1.5＝45目　深さ20cm×2段＝40段
　　よって、45目40段で編めば良いことになります。

かぎ針編みのきほん

編み図記号とかぎ針編みのきほんの編み方などを説明します

 輪の作り目 　指に糸を二回巻いて輪の目を作る作り目です。糸が太い場合は一重ではじめてもOK。あとで糸を引くので、中心の穴が目立たない編み方です

1. 人さし指に糸を2回巻き付け、輪を作ります。

2. 輪の中に針を入れ、糸をかけて矢印の方向に引き出します。

3. 針に糸をかけて矢印の方向に引き、立ち上がりの鎖編みを編みます。

4. 輪の中に針を入れて糸をかけて引き出し、再び糸をかけて細編みを1目編みます。

5. 細編みを必要目数編んだらいったん針を抜き、糸端を引いて動いた輪を引き、1つの輪を引き締めます。

6. 糸端を引いて、もう1つの輪を引き締めます。

7. 針を最初の目に入れ、糸をかけて矢印の方向に引き抜きます。

8. 1段目が編めました。

 鎖編みを輪にする鎖目 　鎖編みの編みはじめと編み終わりをつなげて輪を作る作り目です。手軽ですが、中心の穴が大きくなります

1. 鎖編みを必要目数編んだら、最初の目に針を入れます。

2. 糸をかけて引き抜きます。

3. 立ち上がりの鎖編みを1目編みます。

4. 輪の中に針を入れて1段めを編んでいきます。

鎖編み

編みはじめの土台となったり、ネット編みなどの模様編みとして使ったり、目の高さを調節したりするときなど、さまざまな用途で使用するきほんの編み方です

1
針を糸の向こう側に当て、矢印の方向に針を1回転させます。

2
巻き付けた根元を指で押さえ、糸をかけて矢印の方向に引き出します。

3
さらに糸をかけて矢印の方向に引き出します。

4
3を繰り返し編みます。

 ## 細編み

一番目の詰まった編み方です。しっかりした編み上がりとなるため、丈夫な仕上がりになります。たくさん編むには時間のかかる編み方です

1
立ち上がりの鎖編み1目飛ばし、2目めに針を矢印の方向に入れます。

2
糸をかけたら、矢印の方向に引き出します。

3
さらに糸をかけ、2ループを一度に引き抜きます。

4
細編みが1目できました。

中長編み

細編みと長編みの中間の長さの編み方です。鎖編み2目分の立ち上がりで編みます

1
針に糸をかけ、鎖編み3目飛ばして4目めに針を矢印の方向に入れます。

2
糸をかけたら、矢印の方向に引き出します。

3
さらに糸をかけ、3ループを一度に引き抜きます。

4
中長編みが1目できました。

長編み

1目の長さが出る編み方で、鎖編み3目分で立ち上がります。1目が大きいので、早く編むことのできる編み方です

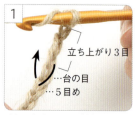
針に糸をかけ、鎖編み4目飛ばして5目めに針を矢印の方向に入れます。

糸をかけたら、矢印の方向に引き出します。

再度糸をかけ、手前の2ループだけ矢印の方向に引き抜きます。

さらに糸をかけ、2ループを一度に矢印の方向に引き抜きます。

長々編み

長編みより鎖1目分長い編み方で、鎖編み4目分で立ち上がります。長編みと同じく1目が大きいので、早く編むことのできる編み方です

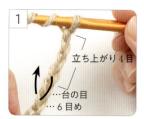
針に糸を2回巻きつけ、鎖5目飛ばして6目めに針を矢印の方向に入れます。

糸をかけて矢印の方向に引き出します。

さらに糸をかけ、針にかかっている手前の2ループのみ矢印の方向に引き抜きます。

さらに糸をかけ、針にかかっている手前の2ループのみ引き抜き、もう一度糸をかけて残りの2ループを引き抜きます。

細編み2目編み入れる

細編みを1目編みます。

同じ目に再び細編みを1目編み、2目を一度に引き抜きます。

細編み2目一度

未完成の細編み※を2目編みます。

針に糸をかけ、3ループを一度に矢印の方向に引き抜きます。

※未完成の細編み…細編みを編むとき、最後に糸を引き抜く前の状態のこと。

長編み2目編み入れる

1. 長編みを1目編んだら、針に糸をかけて同じ目に入れます。
2. 糸を引き出したら、同様に長編みをもう1目編みます。

細編みのすじ編み

1. 前段の目の向こう側の1本の糸に針を入れます。
2. 細編みを編みます。

※うね編みも同じ記号です。すじ編みは表側に、うね編みは表裏交互にラインが出る編み地になるのが特徴です。

長編みの表引き上げ編み

1. 針に糸をかけ、前段の長編みの足をすくいます。
2. 糸をかけて引き出したら、長編みを1目編みます。

バック細編み

1. 段の編み終わりで立ち上がりの鎖編み1目を編み、編み地の向きを変えずに矢印の方向に針を入れます。
2. 糸をかけて引き出したら、細編みを編みます。

中長編み3目の玉編み

1. 同じ目に未完成の中長編みを3目編みます。
2. 糸をかけたらすべてのループを一度に引き抜きます。

引き抜き編み

1. 前段の1目に針を矢印の方向に入れます。
2. 針に糸をかけ、矢印の方向に引き抜きます。

糸始末

1

最後の目を編み終えたら針に糸をかけ、矢印の方向に糸端を引き出します。

2

糸端をとじ針に通したら、編み地の裏側の目に針を入れて通し、糸を切ります。

糸・色替え

段の編み終わり1目を編む際、最後に糸を引き抜くときに別の糸を針にかけて矢印の方向に引き抜きます。

巻きかがり

二枚の編み地をそれぞれすくって縫い合わせる方法です
〈半目の巻きかがり〉
2枚の編み地を合わせ、1目めの半目同士にとじ針を通して糸を引きます。

そのほかの編み図記号

 細編み3目編み入れる
「細編み2目編み入れる」と同じ要領で、同じ目に細編みを3目編み入れる。

 すじ編み2目編み入れる
「細編み2目編み入れる」と同じ要領で、同じ目にすじ編みを2目編み入れる。

 長編み2目編み入れる
「細編み2目編み入れる」と同じ要領で、同じ目に長編みを2目編み入れる。

 長編み3目編み入れる
「細編み2目編み入れる」と同じ要領で、同じ目に長編みを3目編み入れる。

 長編み5目編み入れる
「細編み2目編み入れる」と同じ要領で、同じ目に長編みを5目編み入れる。

 長々編み2目一度
「細編み2目一度」と同じ要領で、未完成の長々編みを2目編んで一度に引き抜く。

 長編み3目の玉編み
「中長編み3目の玉編み」と同じ要領で、同じ目に未完成の長編みを3目編んで一度に引き抜く。

 細編みのリング編み
糸をかけている手の中指でリングの長さ分の糸を下げ、糸を押さえながら細編みを編む。リングの長さが揃うように編みましょう。

　　糸を付ける位置を示すマーク　　　 糸を切る位置を示すマーク

バッグのきほんの編み方

バッグの底、側面、持ち手のきほんの編み方を説明します。参考にしながら編みはじめてみましょう

✻ 底の編み方

正円や楕円などの丸底は輪に編み、正方形や長方形などスクエア（四角形）底は往復編みで編んでいきます。

正円底の編み方

1. 輪の作り目をし、1段めを編みます。

2. 2段めは、立ち上がりの鎖編み1目を編み、前段の細編みに針を入れます。

3. 細編み1目編んだら、再度同じ目に針を入れます。

4. 再度細編み1目編み、「細編み2目編み入れる」で増目します。

5. 「細編み2目編み入れる」を必要目数編み、最初の目に引き抜き編みします。

6. 2段めができました。

7. 3段め以降も編み図に従って増目しながら編み進めます。

8. 正円の底が完成しました。

楕円底の編み方

1. 鎖編みを必要目数編んだら立ち上がりの鎖編み1目を編み、矢印の方向に針を入れます。

2. 細編みを鎖編みの目数分編んだら、再度同じ目に針を入れます。

3. 編み図に従って増目します。

4. 編み地を回転させ、反対側の鎖編みの目を拾い、同様に細編みを編みます。

5. 編み終わったら最初の目に引き抜き編みします。

6. 1段めが完成しました。

7. 2段め以降も編み図に従って編みすすめます。

8. 楕円の底が完成しました。

スクエア（四角形）底の編み方

1 鎖編みの作り目に鎖1目で立ち上がり、細編みを必要目数編み入れて1段めを編みます。

2 2段めを編みます。まず、立ち上がりの鎖編み1目を編みます。

3 立ち上がりの鎖編みを編んだら編み地をひっくり返します。

4 前段の目を拾いながら、細編みを必要目数編みます。

5 2段めができました。

6 3段め以降も同様に立ち上がりの鎖編みを編んだら編み地をひっくり返して細編みを編みます。

7 スクエア（四角形）の底が完成しました。

✲ 側面の編み方

側面は底の形状によって編みはじめが異なります。丸底はそのまま輪に編みすすめ、スクエア底は底の目と段から拾い目して輪に編み進めるのがきほんです。

スクエア底の側面の編み方

1 底を編み終えたら立ち上がりの鎖編みを編み、最終段の目を拾いながら細編みを端まで編みます。

2 段の部分は矢印の方向に針を入れ、細編みの足を割って編みます。

3 底の作り目の鎖編み部分は、鎖の残っている目を拾いながら編みます。

4 1周編んだら最初の目に引き抜き編みします。

丸底の側面の編み方

底が正円の場合

底が楕円の場合

丸底の側面を編むときは、底から続けて、側面も編み図に従って輪に編んでいきます。

✽ 持ち手の編み方

持ち手はバッグ本体からそのまま続けて編む場合や、別に編んで最後に本体に縫い付ける場合など、さまざまな編み方があります

持ち手を別に編み本体に縫い付ける

1 持ち手を編み図に従って必要本数編みます。

2 本体の指定位置に持ち手をとじ針で付けます。

本体から続けて持ち手の土台を編む

1 本体の指定位置で持ち手の土台となる鎖編みを必要目数編み付けます。続けて本体を編み進め、反対側も同様に編み付けます。

2 次の段の持ち手部分は土台の鎖から目を拾って細編みを編みます。

本体の糸を休めて持ち手の土台を編む場合

1 本体の糸をいったん休めたら、別の糸を編み図の指定位置に付けて持ち手の土台となる鎖編みを必要目数編み、前段の指定位置に引き抜きます。反対側の持ち手の土台となる鎖編みも同様に編み付けます。

2 休めておいた本体の糸で、バッグ口と持ち手の外側を編みます。必要であれば、持ち手の内側も糸を付けて編みます。

> ここが知りたい！

麻ひもQ&A

Q 麻ひものにおいが気になります。どうすればいいですか？

A 麻ひも独特の石油のようなにおいが気になる場合は、風通しの良いところに陰干しをしたり、水洗いをしてみましょう。多少はにおいが軽減されます。

Q 麻ひもはどこで買えますか？

A 手芸店はもちろん、ホームセンターなどでも購入できます。麻ひもは手芸用から梱包用まで幅広く種類があるので、用途に合わせてお好みのものを見つけてみてください。

01 02
ツートーンカラーの松編みバッグ

作品掲載 ＊P.4-5

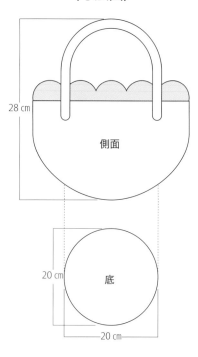

〈寸法図〉

28cm 側面

20cm 底 20cm

●**用意するもの**
〈使用糸〉
01
A糸／ウィスタークロッシェジュート〈細〉(ナチュラル):210g
B糸／ウィスタークロッシェジュート〈細〉#1(白):20g

02
A糸／ウィスタークロッシェジュート〈細〉(ナチュラル):210g
B糸／洗えるコットングラデーション#3(赤系):35g

〈針〉
かぎ針10/0号

●**ゲージ**
細編み　11目16段=10cm平方
松編み　1.8目7.5段=10cm平方

●**編み方**
糸はクロッシェジュートは1本取り、洗えるコットングラデーションは3本取りで、10/0号針で編みます。
①輪の作り目の中に細編み6目を編み入れて、図のように増目しながら11段めまで編んで底を作ります。
②続けて側面を増減なしで30段めまで細編みで編み、糸を切ります。
③B糸に付け替え、糸付け位置に糸を付けてから細編みのうね編みを1段編み、続けて松編みを3段編んで糸を切ります。
④持ち手を作ります。A糸で鎖編み4目の作り目に、細編みの往復編みで56段編みます。編み終わったら、編みはじめと編み終わりの8段をのぞいた真ん中部分を巻きかがりでとじ合わせます。これを2本作ります。
⑤バッグ本体の図の指定位置にとじ針を使って持ち手を付けます。

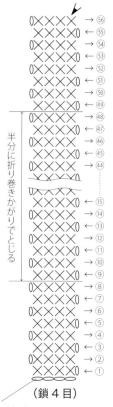

〈持ち手〉※2本

半分に折り巻きかがりでとじる

(鎖4目)

編みはじめ

〈側面〉

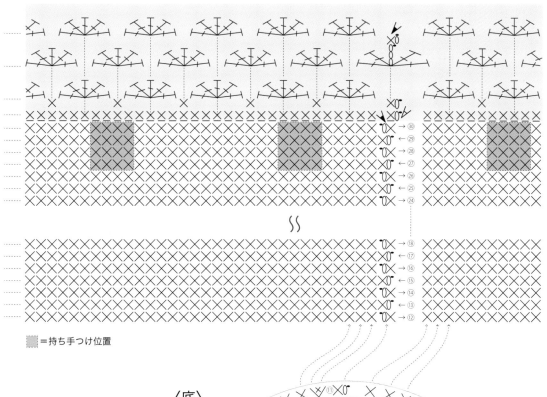

■ =持ち手つけ位置

〈底〉

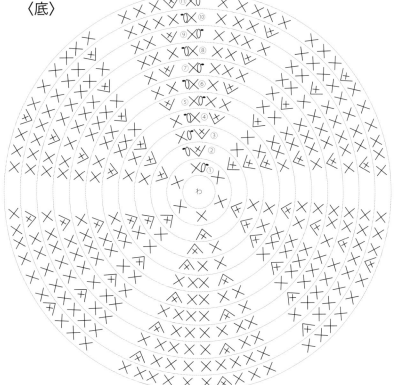

底の増し方

段数	目数	
11段	66	(+6目)
10段	60	(+6目)
9段	54	(+6目)
8段	48	(+6目)
7段	42	(+6目)
6段	36	(+6目)
5段	30	(+6目)
4段	24	(+6目)
3段	18	(+6目)
2段	12	(+6目)
1段	6	

03
麻ひもとリネン糸のミックスバッグ

作品掲載＊P.6

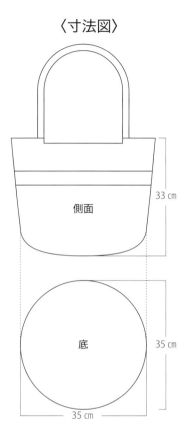

〈寸法図〉

側面 33cm

底 35cm

35cm

● **用意するもの**
〈使用糸〉
A糸／ウィスター クロッシェジュート〈細〉#1（白）：310g
B糸／リネン糸〈中細〉（イエロー系）：90g

〈針〉
かぎ針10/0号

〈その他〉
ボタン35mm：1個
革ひも：50cm
縫い針、縫い糸

● **ゲージ**
細編み　11目13段＝10cm平方

● **編み方**
糸はクロッシェジュートとリネン糸を1本ずつ引きそろえて2本取りし、10/0号針で編みます。
①輪の作り目の中に細編み6目を編み入れて、図のように増目しながら12段めまで編んで底を作ります。
②続けて側面を増目しながら31段めまで細編みで編みます。32、33段目は図のように1目おきに前段の目を拾いながら細編みを編み、模様を編みます。34～41段めは再び細編みをします。
③42段めで、図のように2ヶ所に持ち手の土台となる鎖編み48目入れて編み、43段めまで編んだら、最後に引き抜き編みを1周し、糸を切ります。さらに指定の位置へ糸を付け、持ち手の内側2ヶ所にも引き抜き編みをします。
④図の指定位置にボタンを縫い付け、反対側に革ひもを通し、結びます。

側面の増し方

段数	目数	
41段～18段	78	(+6目)
17段	72	
16段	72	
15段	72	(+6目)
14段	66	
13段	66	

底の増し方

段数	目数	
12段	66	(+6目)
11段	60	(+6目)
10段	54	
9段	54	(+6目)
8段	48	(+6目)
7段	42	(+6目)
6段	36	(+6目)
5段	30	(+6目)
4段	24	(+6目)
3段	18	(+6目)
2段	12	(+6目)
1段	6	

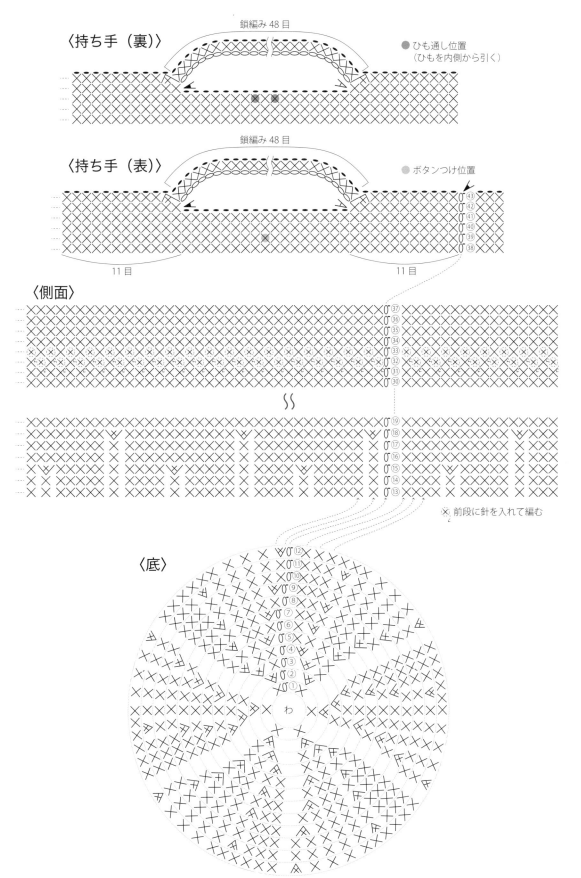

⑭ 麻ひものモチーフバッグ

作品掲載 ＊P.7

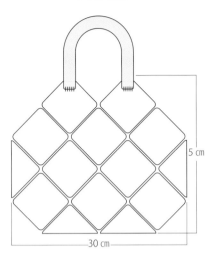

〈寸法図〉

●用意するもの
〈使用糸〉
ダルマ手編み糸 麻ひも#1（きなり）：210g

〈針〉
かぎ針8/0号

〈その他〉
持ち手（木製）：1セット

●ゲージ
モチーフ1辺　約8cm

●編み方
糸は1本取りで、8/0号針で編みます。
①輪の作り目の中に細編み8目を編み入れて、鎖編み6目、引き抜いて隣の目に移り鎖編み8目編むを図のようにくり返します。最後は鎖編み4目と長々編みを編み、立ち上がって図のように細編みと鎖編みをくり返します。このモチーフを24枚作ります。
②図のように細編みを引き抜いてモチーフ同士をつなぎ合わせ、二つに折ってバッグ状にします。
③図の指定位置に糸を付け、バッグ口を細編みで図のように2段編みます。
④図の指定位置にとじ針で持ち手を取り付けます。

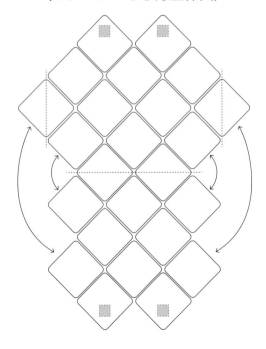

〈モチーフつなぎ方全体図〉

▨＝持ち手つけ位置

〈モチーフ〉※24枚

〈モチーフのつなぎ方〉

〈バッグ口〉

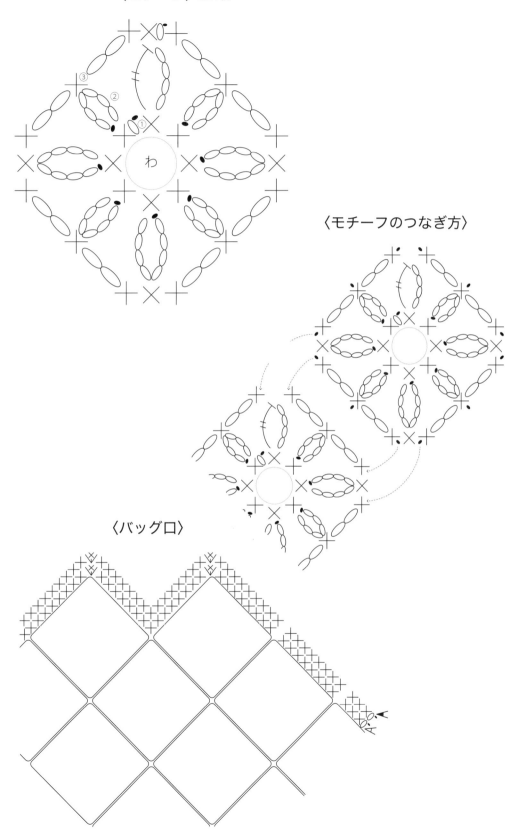

05
タッセル飾り付き マルシェバッグ
作品掲載 ＊ P.8-9

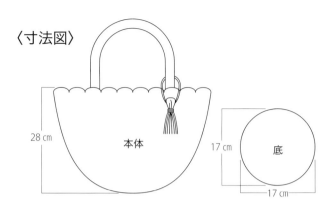

〈寸法図〉

●用意するもの
〈使用糸〉
ハマナカ コマコマ #2（ベージュ）：410g

〈針〉
かぎ針8/0号

●ゲージ
1模様=4.5cm×7.5段

●編み方
糸は1本取りで、8/0号針で編みます。
①輪の作り目の中に細編み6目を編み入れて、図のように増目しながら12段めまで編み、底を作ります。
②続けて側面を模様編みで21段編みます。最後は引き抜き編みを1周編みます。
③持ち手を作ります。鎖編み4目の作り目に、細編みの往復編みで53段編みます。編み終わったら糸を切り、編みはじめと編み終わりの7段をのぞいた部分をつき合わせにし、巻きかがります。これを2本作ります。
④バッグ本体の図の指定位置のバッグの内側に持ち手を付けます。
⑤タッセル飾りを作り、持ち手に取り付けます。

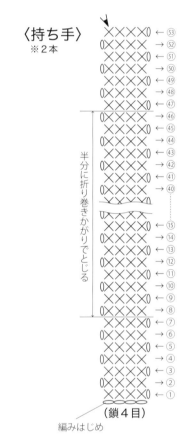

〈タッセルの作り方〉

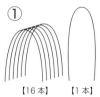
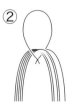

① 45cmを1本、30cmを16本用意し、30cmの内1本の端を合わせて結ぶ

② 15本を、端を結んだ糸の輪に通す

③ 輪の方を束にして結ぶ

④ 45cmの糸で3回巻いて結び、糸端を中に入れて隠す

持ち手の8段めと46段めを
バッグ口に合わせてとじ付ける

〈側面〉

㉑

⑳

⑤

④

③

②

①

⑫

●=持ち手つけ位置

〈底〉

⑪
⑩
⑨
⑧
⑦
⑥
⑤
④
③
②
①

わ

底の増し方

段数	目数	
12 段	72	（+6目）
11 段	66	（+6目）
10 段	60	（+6目）
9 段	54	（+6目）
8 段	48	（+6目）
7 段	42	（+6目）
6 段	36	（+6目）
5 段	30	（+6目）
4 段	24	（+6目）
3 段	18	（+6目）
2 段	12	（+6目）
1 段	6	

06
幾何学模様バッグ
作品掲載＊P.10

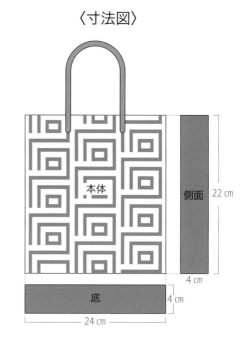

〈寸法図〉

●用意するもの
〈使用糸〉
A糸／ハマナカ コマコマ #12（黒）：160g
B糸／ハマナカ コマコマ #15（ベージュ）：100g

〈針〉
かぎ針7/0号

〈その他〉
持ち手（革）：1セット
縫い針、縫い糸

●ゲージ
模様編み 16目15段＝10cm平方

●編み方
糸は1本取りで、7/0号針を使用します。
① A糸で作り目の鎖編み34目に、図のように模様編みの往復編みでB糸と2色で模様を編みくるみます。休ませている糸は裏に渡さず編み込みながら進めます。これを2枚作ります。
② 側面を作ります。A糸で鎖編み5目の作り目に、細編みの往復編みで34段編みます。これを2枚作ります。
③ 底を作ります。A糸で鎖編み5目の作り目に、細編みの往復編みで30段編みます。
④ 側面と底を巻きかがり、1本にします。
⑤ 本体と側面を外表にして巻きかがります。
⑥ 図の指定位置の表側に持ち手を縫い付けます。

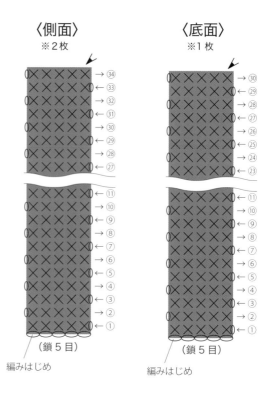

〈本体モチーフ〉※2枚

(鎖34目)

編みはじめ

=持ち手つけ位置

57

07
ネット編みのグラニーバッグ
作品掲載 ＊P.11

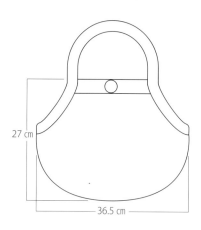

〈寸法図〉

27 cm
36.5 cm

● **用意するもの**
〈使用糸〉
後正産業 MIEL#5（コルク）:170g

〈針〉
かぎ針8/0号

〈その他〉
ウッドボタン30mm:1個
縫い針、縫い糸

● **ゲージ**
模様編み　5.2目11段＝10cm平方

● **編み方**
糸は1本取りで、8/0号針を使用します。
①作り目の鎖編み67目に、細編み1目鎖編み3目のネット編みで44段めまで編みます。
②続けてバッグ口を編みます。糸を切らずに本体のネットを拾い細編み24目を編み、そのまま往復編みで5段めまで編みます。糸を切り反対側の糸付け位置に糸を付け、同じように編みます。
③続けて持ち手を編みます。糸を切らず、バッグ口と本体のサイドを図のように拾い、32目編みます。そのまま続けて持ち手の土台となる鎖編み40目を2ヶ所に入れながら反対側も同じように編み、増減目なしで4段編みます。5段目は持ち手の部分のみ前段までの4段分をすべて編みくるみます。
④鎖20目でボタンループを作り、バッグ口の指定位置に編み付けます。反対側の指定位置にウッドボタンを縫い付けます。

〈ボタンループ〉

（鎖20目）

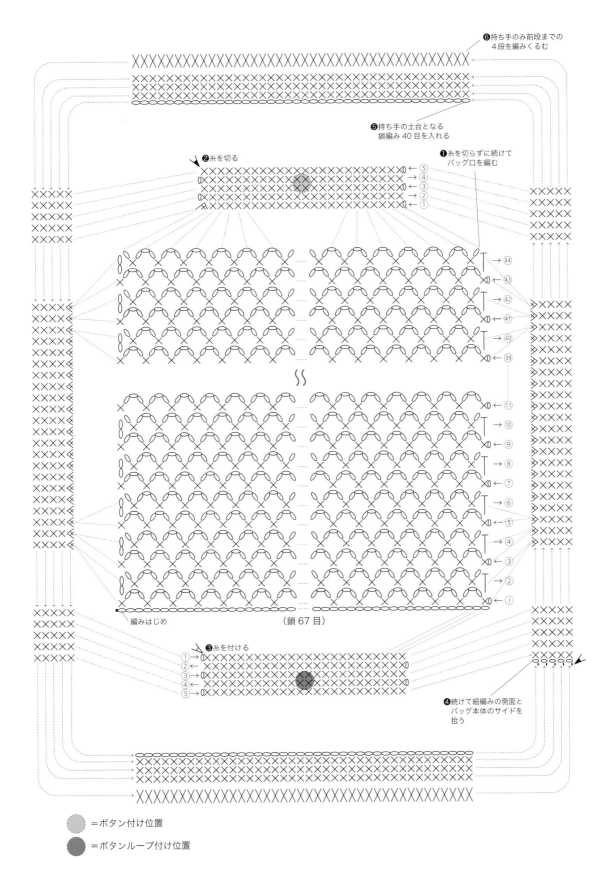

=ボタン付け位置

=ボタンループ付け位置

08
花柄の編み込みバッグ
作品掲載＊P.12-13

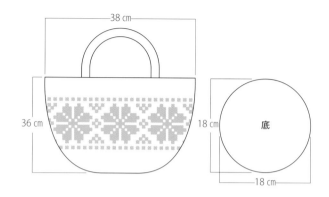

● **用意するもの**

〈使用糸〉
A糸／ダルマ手編み糸 麻ひも#1（きなり）：310g
B糸／ダルマ手編み糸 麻ひも#4（黒）：70g

〈針〉
かぎ針8/0号、10/0号

● **ゲージ**
細編み（かぎ針8/0号）　14目14段＝10cm平方
編み込み模様（かぎ針10/0号）　12目12段＝10cm平方

● **編み方**
糸は1本取りで、8/0号針と10/0号針を使用します。
①8/0号針を使い、A糸で輪の作り目の中に6目編み入れて、図のように増目しながら13段めまで編んで底を作ります。続けて側面を図のように増目しながら21段めまで編みます。
②10/0号針に持ち替えて、39段目まで細編みのすじ編みで編み込み模様を編みます。糸替えをするときは、1目手前の未完成の細編みが編めたら配色糸を引き抜きます。
③再び8/0号針に持ち替えて、A糸で44段めまで細編みで編み、最後に引き抜き編みを1周します。
④8/0号針で持ち手を作ります。A糸で作り目の鎖編み42目に細編み88目編み入れて輪にし、図のように増目しながら2段編みます。でき上がった持ち手の両端3.5cmを残し、内側を合わせてとじ針で巻きかがります。
⑤バッグ本体の図の指定位置に内側からとじ針を使って持ち手を抜い縫いとじます。

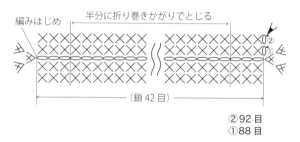

②92目
①88目

側面の増し方		
段数	目数	
21段	96	
20段	96	(+6目)
19段	90	
18段	90	(+6目)
17段	84	
16段	84	(+6目)
15段	78	
14段	78	

底の増し方		
段数	目数	
13段	78	(+6目)
12段	72	(+6目)
11段	66	(+6目)
10段	60	(+6目)
9段	54	(+6目)
8段	48	(+6目)
7段	42	(+6目)
6段	36	(+6目)
5段	30	(+6目)
4段	24	(+6目)
3段	18	(+6目)
2段	12	(+6目)
1段	6	

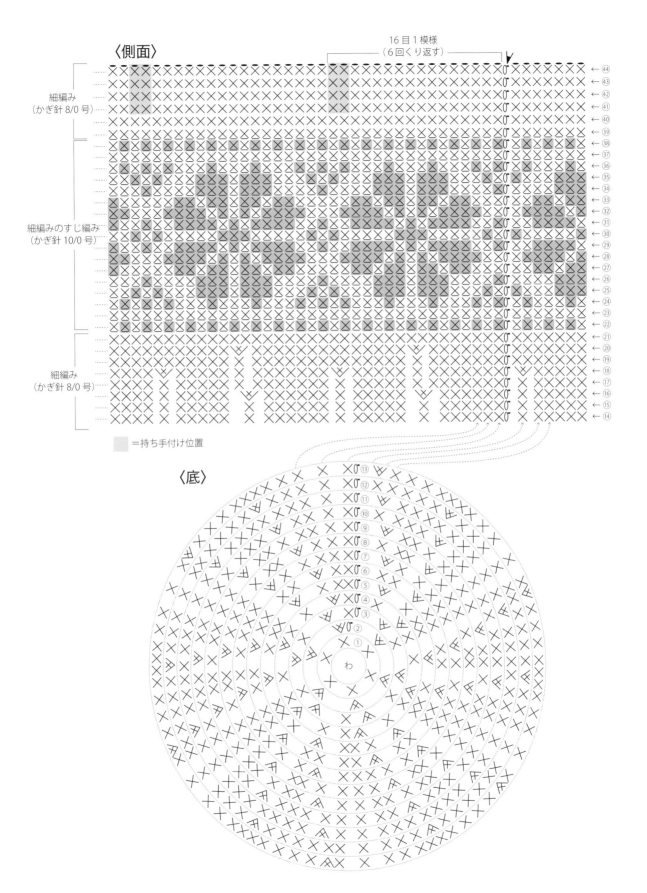

⑨⑩ 一本手しずくトート

作品掲載 ＊P.14

〈寸法図〉

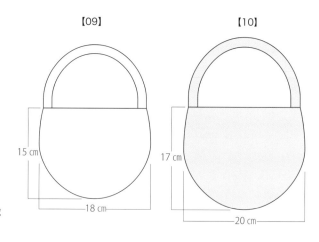

●用意するもの
〈使用糸〉
09 ウィスタークロッシェジュート〈細〉(ナチュラル)：150g
10 ウィスタークロッシェジュート〈細〉#3(青)：170g
　　ウィスター パステルコットン〈細〉#6(青)：30g

〈針〉
かぎ針8/0号

〈その他〉
09　牛革：横13×縦8cm
　　バネホック：3組
10　ハンカチ：1枚

●ゲージ
細編み　12目13.5段=10cm平方

●編み方
糸は09は1本取り、10はクロッシェジュートとパステルコットンを1本ずつ引きそろえた2本取りで、8/0号針を使用します。
①輪の作り目の中に細編み6目編み入れて、図のように増目しながら5段編んで底を作ります。
②続けて側面を増減目しながら25段めまで編みます。
③26段めは持ち手の土台となる鎖編み28目を2ヶ所に入れて編み、27段めまで編みます。最終段は、まず引き抜き編みを1目編んだら図の指定位置の☆へ引き抜き編みをして26段めに戻り、持ち手の下の細編み19目を編みます。反対側の★へ引き抜き編みをしたら27段めに戻って2目引き抜き編みをします。反対側の持ち手も同様に編みます。
④二本の持ち手を一本にまとめて、革またはハンカチを持ち手に巻き付けます。

目の増し方

段数	目数	
25段〜22段	50	(−4目)
21段〜18段	54	(−4目)
17段〜14段	58	(+4目)
13段	54	
12段	54	(+4目)
11段	50	
10段	50	(+4目)
9段	46	(+4目)
8段	42	(+4目)
7段	38	(+4目)
6段	34	(+4目)
5段	30	(+6目)
4段	24	(+6目)
3段	18	(+6目)
2段	12	(+6目)
1段	6	

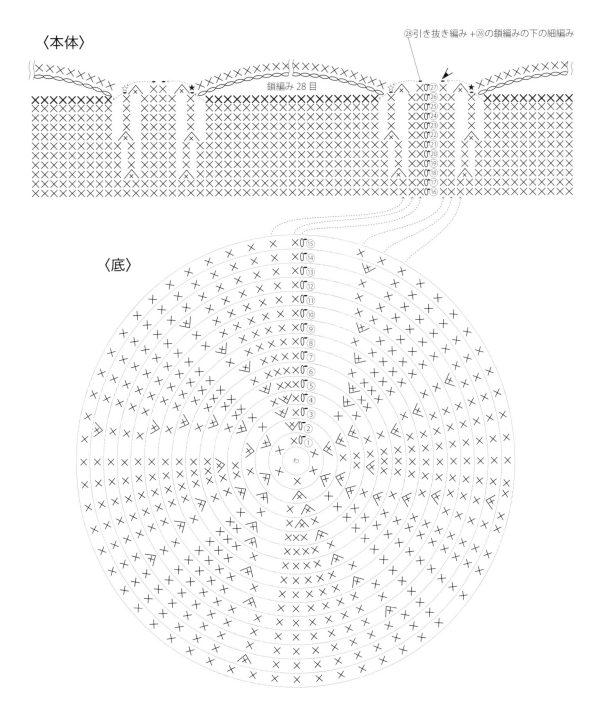

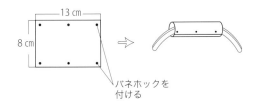

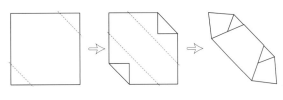

⑪ 3枚をつなぎ合わせるバッグ
作品掲載＊P.15

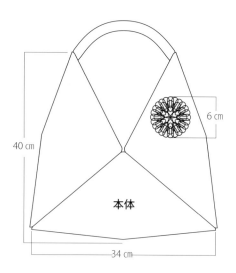

〈寸法図〉

●用意するもの
〈使用糸〉
ハマナカ コマコマ#3(黄色):120g
ハマナカ コマコマ#1(白):240g

〈針〉
かぎ針8/0号

〈その他〉
合皮ホワイト:52cm
かぶとピン
縫い針、縫い糸

●ゲージ
細編み 14目16段=10cm平方

●編み方
糸はすべて1本取りで、8/0号針を使用します。
①モチーフを作ります。輪の作り目の中に細編みと鎖編みを図のように繰り返し編み入れて、増目しながら3段めまで編みます。
②続けて図のように前々段の細編みに表引き上げ編みをしながら22段めまで編み、正方形のモチーフを3枚(黄色1枚、白2枚)作ります。
③モチーフをつなぎ合わせます。2枚のモチーフを外表で合わせ、一辺32目を半目拾いで巻きかがります。
④持ち手を作ります。鎖編み4目の作り目に、細編みの往復編みで14段編みます。バッグ本体の指定位置に巻きかがり、取り付けた持ち手に合皮を巻き付けます。合皮の端はバッグ本体の内側に縫い付けます。
⑤コサージュを作ります。鎖編み50目の作り目に、リング編みを1段編みます。でき上がったモチーフを端から巻き、糸で縫い合わせながら形を作ります。コサージュができ上がったら裏側にかぶとピンを縫い付け、バッグのお好みの位置に付けます。

〈コサージュの作り方〉

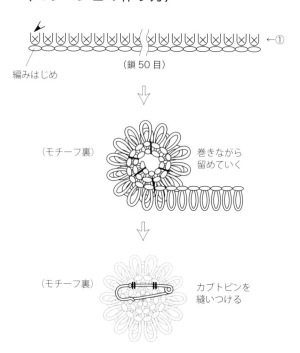

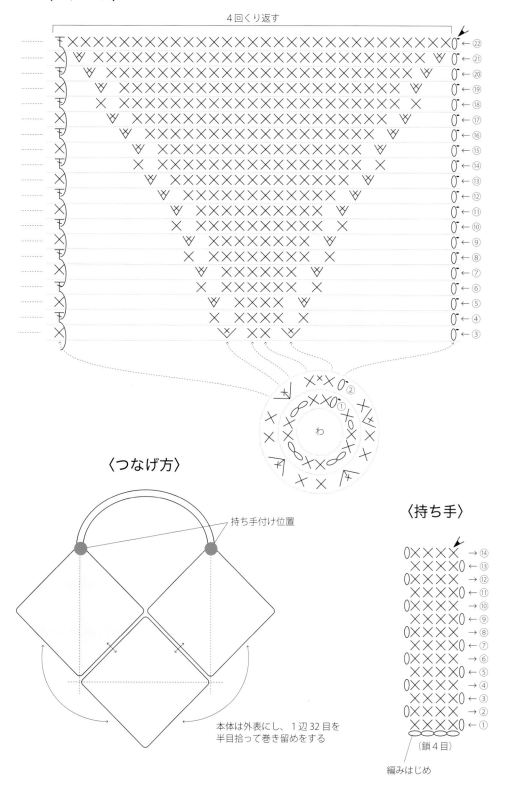

⑫ ネット編みのショルダーバッグ
作品掲載＊P.16-17

〈寸法図〉

●用意するもの
〈使用糸〉
A糸／ウィスター クロッシェジュート〈細〉#1（白）：125g
B糸／ウィスター クロッシェジュート〈細〉#3（青）：100g

〈針〉
かぎ針8/0号

〈その他〉
Dカン10mm：2個
縫い付けマグネットボタン18mm：1セット
縫い針、縫い糸
手芸用ボンド

●ゲージ
細編み　13.5目14段＝10cm平方
ネット編み　5段4.5模様＝10cm平方

●編み方
糸はすべて1本取りで、8/0号針を使用します。
①A糸で作り目の鎖編み12目に細編み30目編み入れて輪にし、図のように増目しながら8段目まで編んで底を作り、糸を切ります。
②糸付け位置にA糸を付け、側面を細編みで5段、糸をB糸に替えて3段編みます。
③続けて図のようにネット編みを10段、細編みを2段編み糸を切ります。糸付け位置にA糸を付け、細編みを2段編みます。最終段は両サイドにDカンを編み付けながら細編みを1段編みます。
④ショルダーひもを編みます。A糸でエビ編みコードを130cm編みます。編みはじめと編み終わりはそれぞれ少し長めに糸を残して切ります。
⑤ショルダーひもをDカンに通して2cm程折り返し、残しておいた糸で縫い付けます。折り返した部分に手芸用ボンドを塗り、B糸を巻き付け、ボンドが乾いたら糸を切ります。
⑥バッグ口に縫い付けマグネットボタンを縫い付けます。

底の増し方

段数	目数	
8段	86	(+8目)
7段	78	(+8目)
6段	70	(+8目)
5段	62	(+8目)
4段	54	(+8目)
3段	46	(+8目)
2段	38	(+8目)
1段	30	

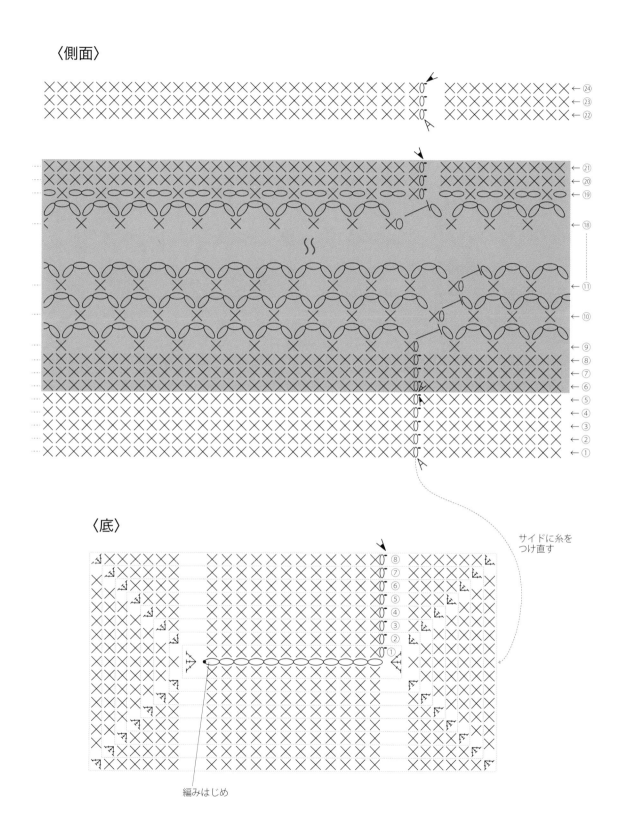

⑬⑭ 異種素材持ち手のマルシェバッグ

作品掲載 ＊P.18-19

● 用意するもの

〈使用糸〉
13・14 コクヨ麻ひも（きなり）：250g

〈針〉
かぎ針9/0号

〈その他〉
13 持ち手布：横90×縦18cm
　　 接着芯：横100×8cm
　　 縫い針、縫い糸
14 グログランリボン18mm：370cm
　　 グログランリボン48mm：120cm
　　 グログランリボン15mm：100cm
　　 グログランリボン9mm：20cm
　　 手芸用ボンド
　　 縫い針、縫い糸

● ゲージ
細編み　13目15段＝10cm平方

● 編み方
糸はすべて1本取りで、9/0号針を使用します。

【13の作り方】
① 輪の作り目の中に細編み6目を編み入れて、図のように増目しながら12段めまで編んで底を作ります。
② 続けて側面を増減目なしで16段めまで編みます。17段め、18段めは図のように増目し、再び増減目なしで37段めまで編みます。途中の33段めで持ち手を通す穴の鎖編み2目を図のように4ヶ所入れます。最終段はバック細編みで1周編みます。
③ 持ち手を作り、バッグ本体の内側から通し、結びます。

【14の作り方】
① 輪の作り目の中に細編み6目を編み入れて、図のように増目しながら12段めまで編んで底を作ります。
② 続けて側面を増減なしで16段めまで編みます。17段め、18段めは図のように増目し、再び増減目なしで37段めまで編みます。最終段はバック細編みで1周編みます。
③ 持ち手を作ります。図のように持ち手を編み、半分に折って巻きかがりでとじます。でき上がった持ち手に18mmのグログランリボンを巻き、手芸用ボンドで止めます。
④ 22cmにカットした48mmのグログランリボンをバッグ本体の内側5cmの部分に仮止めし、残りは前方向に垂らします。仮止めした内側の部分に持ち手を縫い付け、さらに7cmにカットした48mmのリボンを縫い代を1cm付けて持ち手を隠すようにバッグ本体内側にまつり付けます。
⑤ 装飾用のリボンを図のように4個作ります。前方向に垂らしたグログランリボンのバッグ口から4cmほどのところでギャザーを寄せ、その上に装飾用のリボンを縫い付けます。

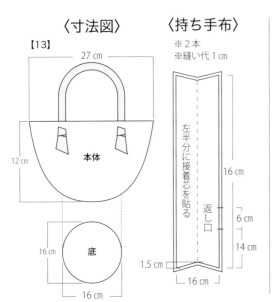

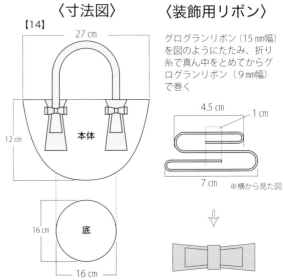

〈本体〉

※【13】33段めの鎖編み部分は裏側も同様に編む
※【14】33段めは鎖編みを編まずに細編みで編みすすめる

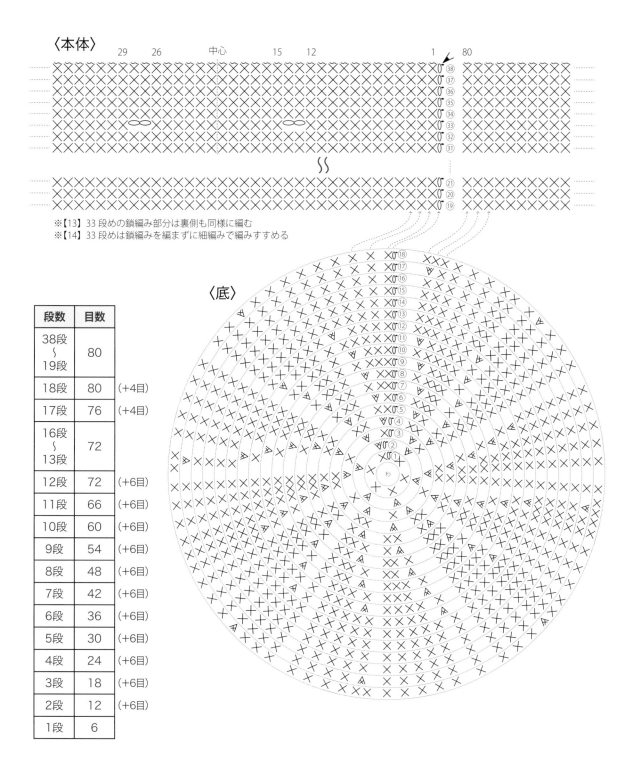

〈底〉

段数	目数	
38段〜19段	80	
18段	80	(+4目)
17段	76	(+4目)
16段〜13段	72	
12段	72	(+6目)
11段	66	(+6目)
10段	60	(+6目)
9段	54	(+6目)
8段	48	(+6目)
7段	42	(+6目)
6段	36	(+6目)
5段	30	(+6目)
4段	24	(+6目)
3段	18	(+6目)
2段	12	(+6目)
1段	6	

〈持ち手〉※【14】のみ2本作成し、グログランリボンを巻く

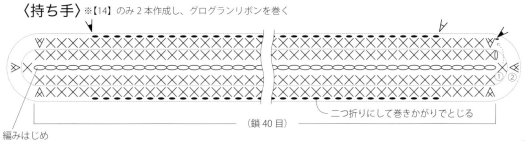

編みはじめ
（鎖40目）
二つ折りにして巻きかがりでとじる

⑮
リフ編み模様のバッグ
作品掲載 ＊P.20-21

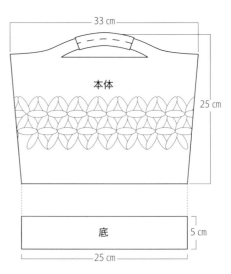

● **用意するもの**
〈使用糸〉
コクヨ麻ひも（きなり）:260g

〈針〉
かぎ針8/0号

〈その他〉
革布　横10×縦7cm：2枚
エスコード（白）
縫い針

● **ゲージ**
細編み　14目16段=10cm平方
リフ編み　3模様4段=10cm平方

● **編み方**
糸はすべて1本取りで、8/0号針を使用します。
①作り目の鎖編み27目に細編み60目編み入れて輪にし、図のように増目しながら4段目まで編み、底を作ります。
②続いて側面を細編みで増減目なしで10段編みます。11〜13段めはリフ編みで編み、糸を切ります。糸付け位置に糸を付け、図のように増目しながら細編みで8段めまで編みます。9段めは持ち手の土台となる鎖編み17目を2ヶ所に入れながら編み、11段目まで増減目なしで編みます。
③持ち手に革を巻き付け、返し縫いでエスコードを縫い付けます。

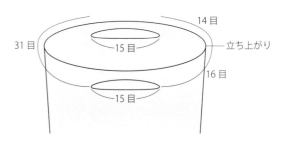

底の増し方

段数	目数	
4段	84	(+6目)
3段	76	(+6目)
2段	68	(+6目)
1段	60	

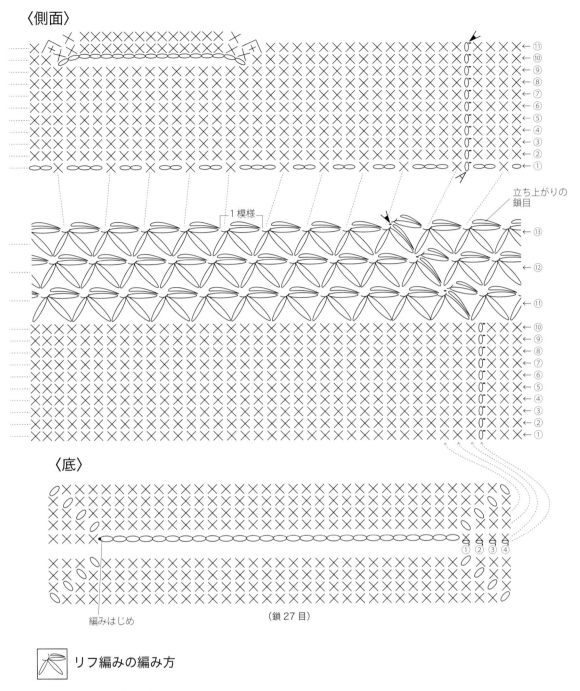

リフ編みの編み方

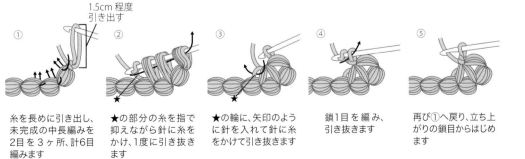

①	②	③	④	⑤
糸を長めに引き出し、未完成の中長編みを2目を3ヶ所、計6目編みます	★の部分の糸を指で抑えながら針に糸をかけ、1度に引き抜きます	★の輪に、矢印のように針を入れて針に糸をかけて引き抜きます	鎖1目を編み、引き抜きます	再び①へ戻り、立ち上がりの鎖目からはじめます

⑯
麻ひものホーボーバッグ
作品掲載 ＊P.22

●**用意するもの**
〈使用糸〉
A糸／ダルマ手編み糸 麻ひも #1（きなり）：140g
B糸／ダルマ手編み糸 麻ひも #4（黒）：140g

〈針〉
かぎ針8/0号

〈その他〉
フェイクレザー：横10×縦13cm
縫い針、縫い糸
手芸用ボンド

●**ゲージ**
細編み　12目14段＝10cm平方

●**編み方**
糸はすべて1本取りで、8/0号針を使用します。
①B糸で作り目の鎖編み25目に細編み56目編み入れて輪にし、図のように増目しながら4段めまで編み底を作ります。
②続いて側面を細編みで図のように減目しながら10段めまで編んだら糸を切り、糸付け位置にA糸を付け、3段細編み3段模様編みをくり返し、25段めまで編み、糸を切ります。
③糸付け位置に2本の糸を付け、図のように減目しながら細編みでA糸とB糸をボーダーに編みます。これを両端共に行います。最後にB糸でバッグ口を細編みで1周編みます。
④持ち手を作ります。鎖編み95目を4本編み、バッグ本体の持ち手通し位置に通し、上部で固結びをします。結び目を隠すように、その上からフェイクレザーを巻き、手芸用ボンドで付けます。

〈寸法図〉

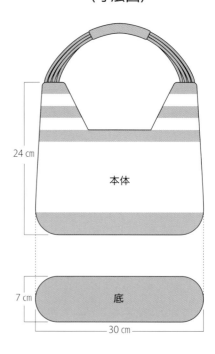

〈側面〉

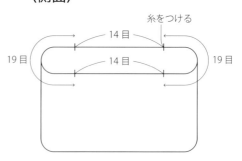

〈持ち手〉※4本

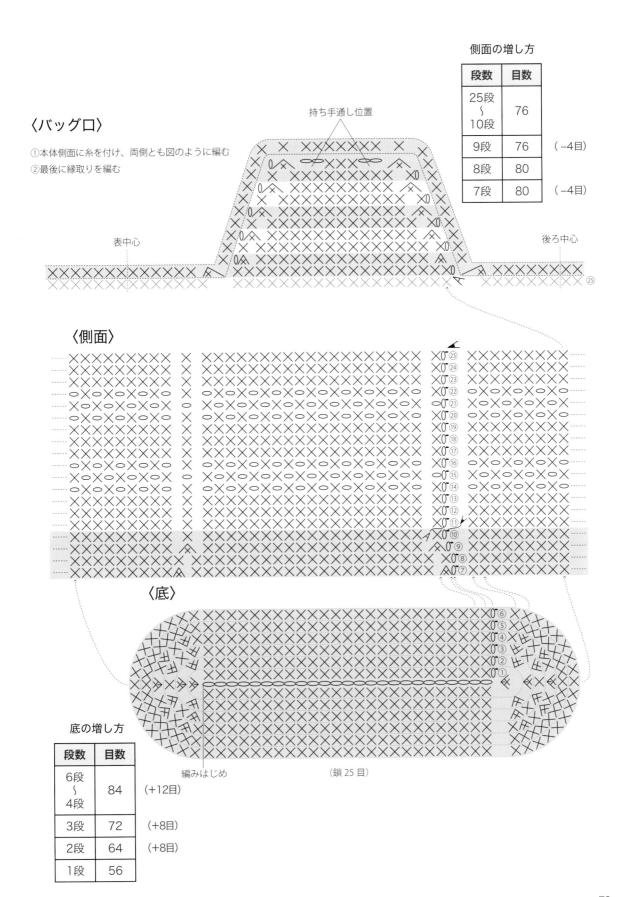

⑰ ナチュラルカラーの麻ひもポシェット

作品掲載 ＊P.23

〈寸法図〉

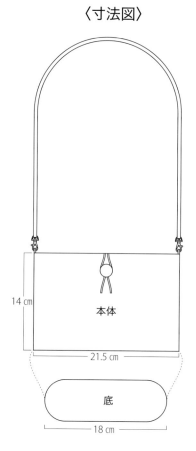

●用意するもの

〈使用糸〉
ウィスター クロッシェジュート〈細〉（ナチュラル）：125g

〈針〉
かぎ針10/0号
かぎ針8/0号

〈その他〉
ナスカン8mm：2個
ボタン25mm：1個
合皮ひも幅2mm：45cm

●ゲージ

細編み　13目15段＝10cm平方
模様編み　13目12段＝10cm平方

●編み方

糸はすべて1本取りで、10/0号針と8/0号針を使用します。

① 10/0号針を使い、作り目の鎖編み15目に細編み36目編み入れて輪にし、図のように増目しながら5段めまで編み、底を作ります。
② 続いて側面を増減目なしで細編みで3段編み、模様編みを15段目まで編みます。再び細編みを減目しながら5段編みます。
③ ショルダーひもを作ります。8/0号針を使い、作り目の鎖編み165目に細編みを1段編みます。両端の細編みを編むときはロープ用ナスカンを編みくるみながら編みます。
④ バッグ本体の指定の位置にボタンと合成ひもを付けます。最後にバッグ本体の両サイドの編み目にナスカンを引っかけます。

〈ショルダーひも〉

（鎖 165目）

※両脇の細編みを編むときはナスカンを編みくるむ

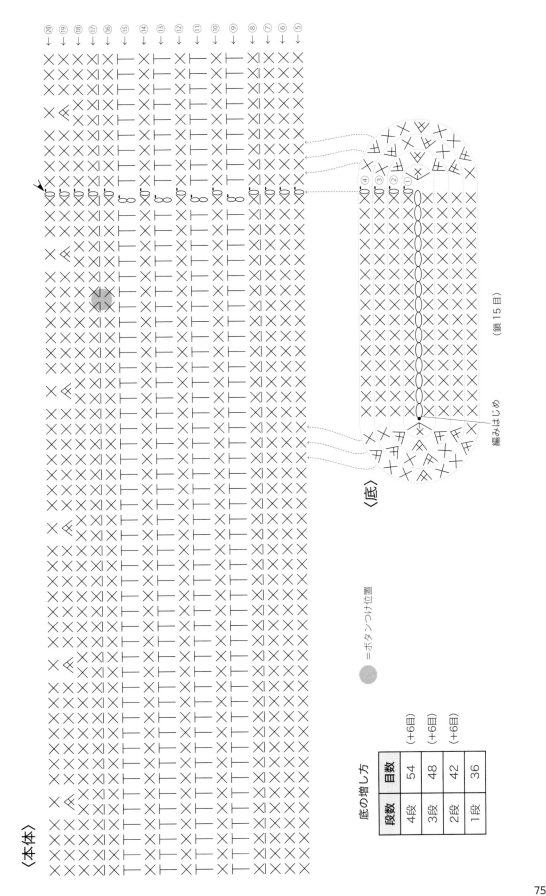

⑱ 大人ボーダーの麻ひもバッグ
作品掲載 ＊P.24-25

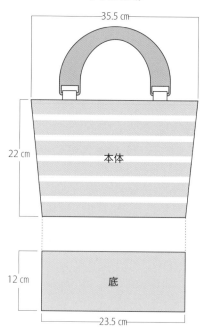

〈寸法図〉

● **用意するもの**
〈使用糸〉
A糸／ウィスタークロッシェジュート〈細〉#7(黒)：320g
B糸／ウィスタールチア(ベージュ)：30g

〈糸〉
かぎ針8/0号

〈その他〉
持ち手(木製)：1セット

● **ゲージ**
細編み　12目16段＝10cm平方

● **編み方**
糸はすべて1本取りで、8/0号針を使用します。
① A糸で作り目の鎖編み30目に、細編みの往復編みで9段編みます。一度糸を切り、反対側の糸付け位置に糸を付け、再び細編みの往復編みで9段編み、底を作ります。
② 続けて側面の1段めの1周92目を拾って編み、そのまま増減目なしで細編みの往復編みで図のように編みます。このとき、A糸で5段、B糸で1段の6段1模様を5回くり返します。糸替えのときはA糸は切らずに編み、B糸は編むごとに糸を切ります。
③ 37段めで、図のように2ヶ所に持ち手を付ける用の穴の鎖編み3目を入れて編みます。40〜41段めは細編みと鎖編みを交互に編み、70〜80cm程糸を残して切ります。36段めまでが表になるように、37〜41段め部分をバッグの内側に折り込みます。
④ 持ち手つなぎを作ります。B糸で鎖編み3目の作り目に、細編みの往復編みで10段編みます。これを4個作ります。でき上がった持ち手つなぎを持ち手の穴と本体の穴に入れ、A糸で縫い止めます。
⑤ 本体の編み終わりに残した糸を使い、バッグの内側に折り込んだ41段めの頭と32段めをバッグの内側ですくいとじで一周します。

糸を変える段

段数	糸種
41段〜31段	A糸
30段	B糸
29段〜25段	A糸
24段	B糸
23段〜19段	A糸
18段	B糸
17段〜13段	A糸
12段	B糸
11段〜7段	A糸
6段	B糸
5段〜1段	A糸

〈37段目鎖編みの位置〉

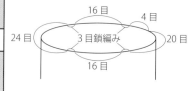

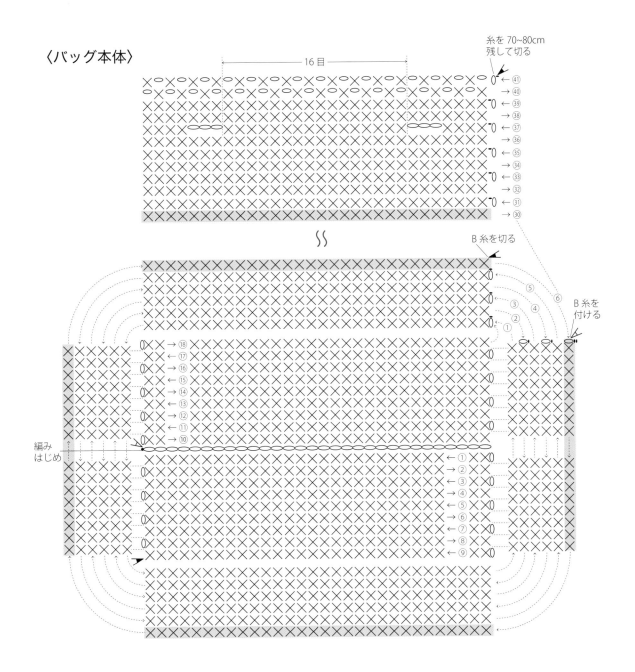

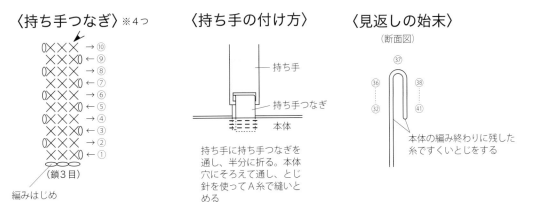

⑲ 麻ひもの網バッグ

作品掲載 ＊P.26

● 用意するもの

〈使用糸〉
A糸／ウィスタークロッシェジュート〈細〉(ナチュラル)：110g
B糸／ウィスタークロッシェジュート〈細〉#10(水色)：110g

〈使用針〉
かぎ針8/0号

〈その他〉
持ち手(革製)51cm：1セット

● ゲージ

細編み　12目13段＝10cm平方
模様編み　4×4.5cm＝1模様

● 編み方

糸はすべて1本取りで、8/0号針を使用します。
①A糸で、輪の作り目の中に細編み6目編み入れて、図のように増し目しながら16段編んで底を作ります。段の終わりの引き抜き編みは、1目めの細編みを引き抜きます。
②側面を作ります。B糸に替え、図のように模様編みを10段編み、糸を切ります。
③再びA糸に付け替え、増減目なしの細編みを3段編みます。最終段は引き抜き編みを1周します。
④図の指定位置に持ち手を付けます。

〈寸法図〉

34cm / 26cm / 20cm / 20cm 底

底の増し方

段数	目数	
16段目〜14段目	72	(+6目)
13段目〜11段目	66	(+6目)
10段目	60	(+6目)
9段目	54	(+6目)
8段目	48	(+6目)
7段目	42	(+6目)
6段目	36	(+6目)
5段目	30	(+6目)
4段目	24	(+6目)
3段目	18	(+6目)
2段目	12	(+6目)
1段目	6	

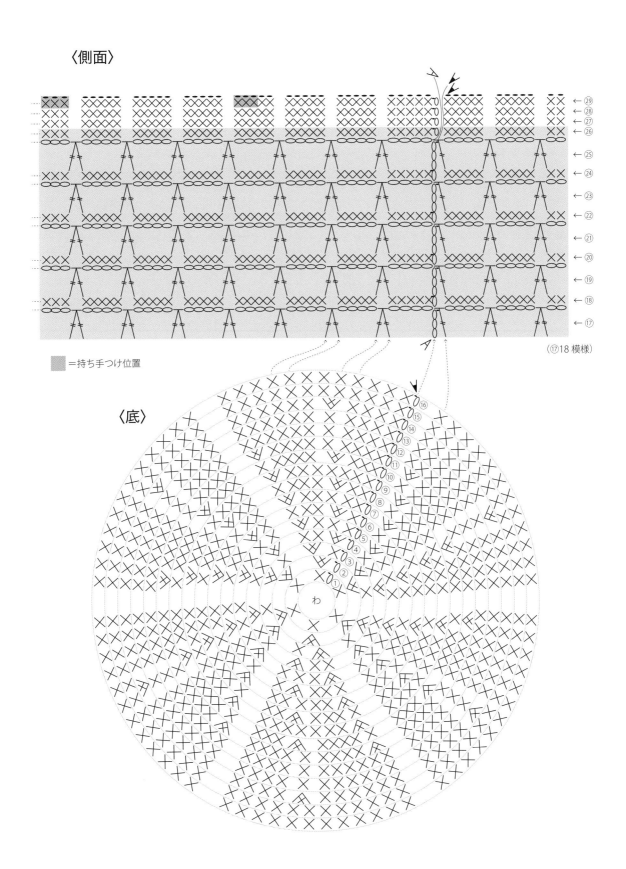

⑳ バスケットトート
作品掲載 ＊P.27

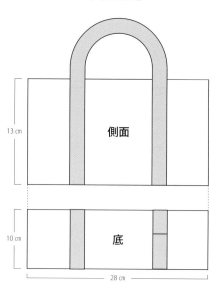

〈寸法図〉

●用意するもの
〈使用糸〉
A糸／ウィスタークロッシェジュート〈細〉(ナチュラル):200g
B糸／ウィスタークロッシェジュート〈細〉#7(黒):85g

〈針〉
かぎ針8/0号

〈その他〉
アミングテープ15mm:70cm
(二本取幅に裂いたものを使用)
PPバンド
手芸用ボンド

●ゲージ
細編み　12目13.5段=10cm平方

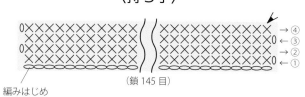

〈持ち手〉

●編み方
糸はすべて1本取りで、8/0号針を使用します。
①A糸で作り目の鎖編み23目を編み、立ち上がりの鎖1目を編んだあと、図のように細編みと鎖編みで50目編み入れて輪にし、増目しながら7段めまで編み、底を作ります。
②続けて側面を作ります。12段めまでは増減目なしで編み、13〜15段めは図のように減目して編みます。16〜23段めは再び増減目なしで編みます。24段めでは、あらかじめ用意しておいたアミングテープをくるみながら細編みを編みます。残り10目を残したところで本体とアミングテープの長さを合わせ、貼り合わせる2cm分を残してカットし、手芸用ボンドで貼り付けます。最終段は引き抜き編みで1周します。
③持ち手を編みます。B糸で鎖編み145目の作り目に、細編みの往復編みで4段編み、端と端をつなぎ合わせて円状にします。
④図の指定位置に持ち手がくるようにし、つなぎ目がバッグ底にくるように配置します。B糸で持ち手をとじ針で縫い付けます。

〈持ち手付け位置〉

〈側面〉

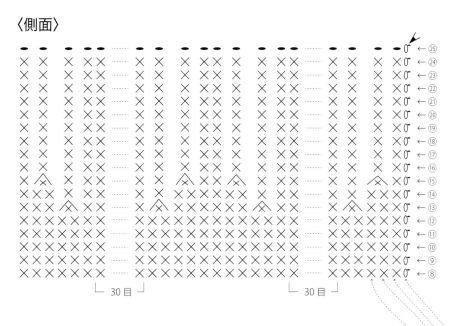

〈底〉

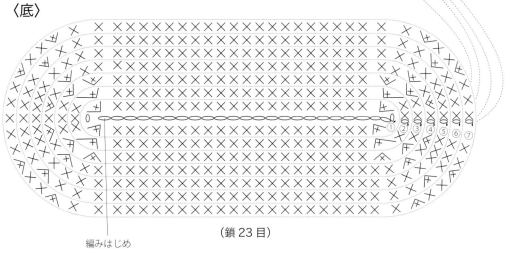

編みはじめ

（鎖23目）

側面の増し方

段数	目数	
23段〜16段	74	
15段	74	(-4目)
14段	78	
13段	78	(-4目)
12段〜8段	82	

底の増し方

段数	目数	
7段	82	(+8目)
6段	74	(+4目)
5段	70	
4段	70	(+8目)
3段	62	(+8目)
2段	54	(+4目)
1段	50	

㉑ 立体モチーフつなぎバッグ
作品掲載 ＊P.28

〈寸法図〉

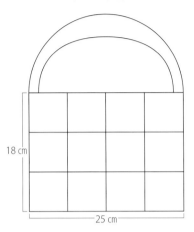

●用意するもの
〈使用糸〉
ハマナカ コマコマ#4（グリーン）：300g

〈針〉
かぎ針7/0号

●ゲージ
細編み　15目14段=10cm平方
モチーフ1辺　約8cm

●編み方
糸はすべて1本取りで、7/0号針を使用します。
①モチーフを作ります。作り目の鎖編み36目を編み、細編みで減目しながら図のように編みます。作り目の鎖編みを拾うときは裏山を拾います。このモチーフを24枚作ります。
②モチーフをつなぎ合わせます。モチーフを外表に合わせ、1片9目で半目拾いで巻きかがります。縦3枚横4枚にモチーフをつなぎ合わせたものを2枚作り、外表に合わせて半目拾いで巻きかがります。
③持ち手を作ります。作り目の鎖編み8目を編み、細編みの往復編みで60段編みます。本体の指定位置に巻きかがります。

〈モチーフのつなぎ方〉
※12枚で1セット

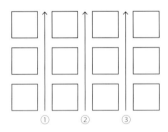

1辺9目で半目を拾い、巻きかがる

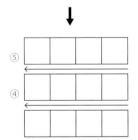

側面の減らし方

段数	目数	
6段	4	(−4目)
5段	8	(−8目)
4段	16	(−8目)
3段	24	
2段	28	(−4目)
1段	32	

〈モチーフの編み方〉※24枚

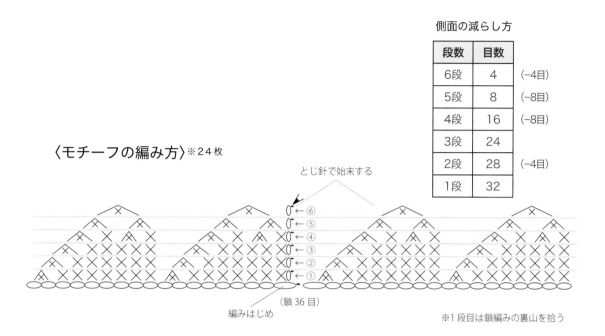

〈持ち手〉

〈持ち手の付け方〉

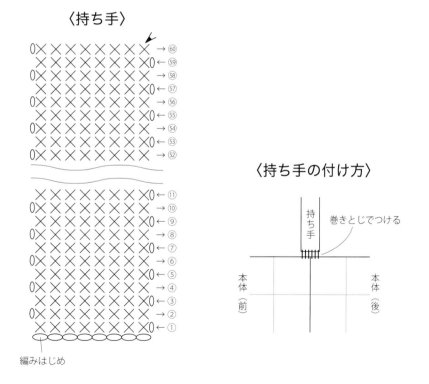

㉒ ふっくら三角トート
作品掲載＊P.29

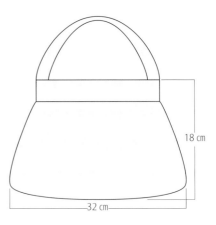

〈寸法図〉

●用意するもの
〈使用糸〉
ウィスタークロッシェジュート〈細〉ナチュラル:160g

〈針〉
かぎ針8/0号

●ゲージ
細編み　12目13.5段＝10cm平方
長編み　11目4.5段＝10cm平方

●編み方
糸はすべて1本取りで、8/0号針を使用します。
① 作り目の鎖編み35目に、立ち上がりの鎖1目を編んだあとに図のように細編みと長編みの模様編みを往復編みで21段めまで編みます。
② 続けて、★と★、☆と☆を合わせるようにして二つに折り、バッグ口を編みます。図のように、長編みと細編みと鎖編みを拾い、1周42目を細編みで3段編みます。
③ 続けて持ち手を編みます。バッグ口の細編みを4目拾いながら、細編み4目の往復編みで35段編み、反対側の指定の位置に引き抜き編みで縫い合わせます。そのまま糸を切らずにバッグ口を引き抜き編みで1周し、糸を長めの残して切ります。残した糸を使い、引き抜き編みでつないだ持ち手の裏側を補強のために、とじ針で巻きかがります。
④ 80cmの糸を2本用意し、バッグ本体の両サイド部分をとじ針で巻きかがります。

〈持ち手〉

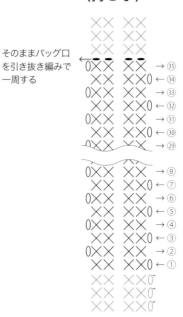

そのままバッグ口を引き抜き編みで一周する

〈本体〉

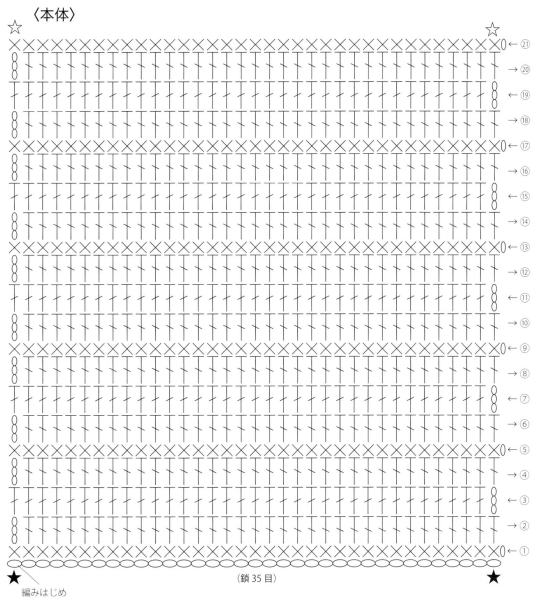

（鎖35目）

★ 編みはじめ
※★と★、☆と☆を合わせて半分に折る

〈バッグ口〉

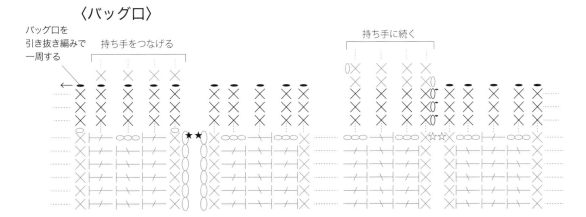

㉓ 編み込み模様のトートバッグ

作品掲載＊P.30-31

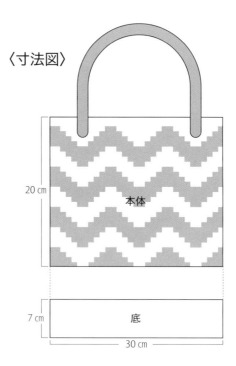

〈寸法図〉

20 cm 本体

7 cm 底

30 cm

● 用意するもの
〈使用糸〉
A糸／コクヨ 麻ひも（ホワイト）：250g
B糸／nutscene 麻ひも スプール（ブルー）：250g

〈針〉
かぎ針8/0号

● ゲージ
細編み　14目16段＝10cm平方

● 編み方
糸はすべて1本取りで、8/0号針を使用します。
①A糸で、作り目の鎖編み35目に細編みと鎖編みを図のように76目編み入れて輪にし、図のように増目しながら4段めまで編んで底を作ります。
②続けて側面を、A糸とB糸の2色ですじ編みの編み込みで28段めまで編みます。
③29〜30段めはすじ編みでB糸をくるみながら編み、B糸を切ります。31段めはA糸のみですじ編み編み、32〜35段めは細編みを編みます。
④持ち手を編みます。B糸で、輪の作り目の中に細編み6目を編み入れ2段編み、図のように増減目なしで細編み6目で編みすすめ、54段（約45cm）編みます。最終段は細編み6目の頭目手前側の半目に糸を通して絞ります。これを2本作り、バッグ本体の図の指定位置に持ち手を付けます。
⑤バッグ本体の31段めの部分から内側に折り返し、バッグの内側をA糸で1周まつり付けます。

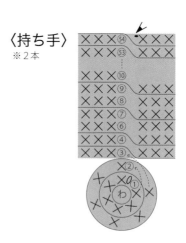

〈持ち手〉
※2本

底の増し方

段数	目数	
4段	100	(+8目)
3段	92	(+8目)
2段	84	(+8目)
1段	76	

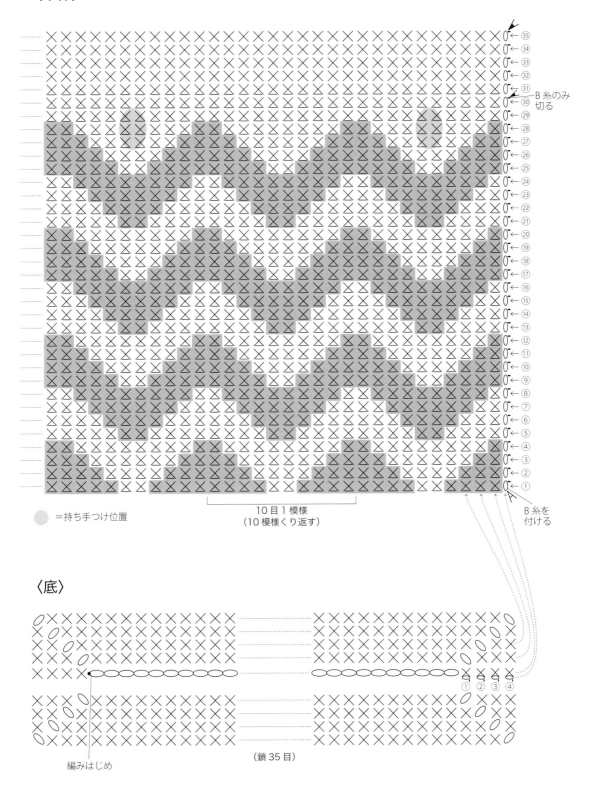

㉔ ㉕ サークルバッグ

作品掲載 ＊P.32

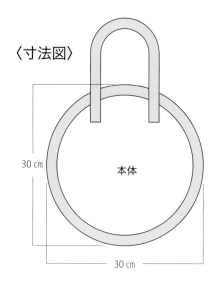

〈寸法図〉

30 cm / 30 cm / 本体

●用意するもの
〈使用糸〉
24 　A糸／ダルマ手編み糸麻ひも #11（ホワイト）:140g
　　　B糸／ダルマ手編み糸麻ひも #7（グレー）:120g
25 　A糸／ダルマ手編み糸麻ひも #1（きなり）:140g
　　　B糸／ダルマ手編み糸麻ひも #8（ピンク）:120g

〈針〉
かぎ針8/0号

●ゲージ
長編み　10目6段＝10cm平方

●編み方
糸はすべて1本取りで、8/0号針を使用します。
① モチーフを作ります。A糸で輪の作り目の中に立ち上がりの鎖目3目と長編み11目編み入れて、図のように増目しながら7段めまで編み、糸を切ります。
② 糸付け位置にB糸を付け、図のように長編みを1段、細編みを1段編みます。これを2枚作ります。
③ 持ち手を編みます。B糸で、作り目の鎖編み60目に細編みの往復編みを3段編みます。編み終わったら二つに折り、巻きかがります。これを2本作ります。
④ バッグ本体モチーフの指定位置に持ち手を縫い付けます。持ち手から約4cm程を残してバッグ口を作り、本体モチーフ2枚を外表に合わせてB糸で巻きかがります。

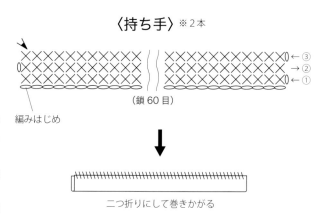

〈持ち手〉※2本

（鎖60目）
編みはじめ

二つ折りにして巻きかがる

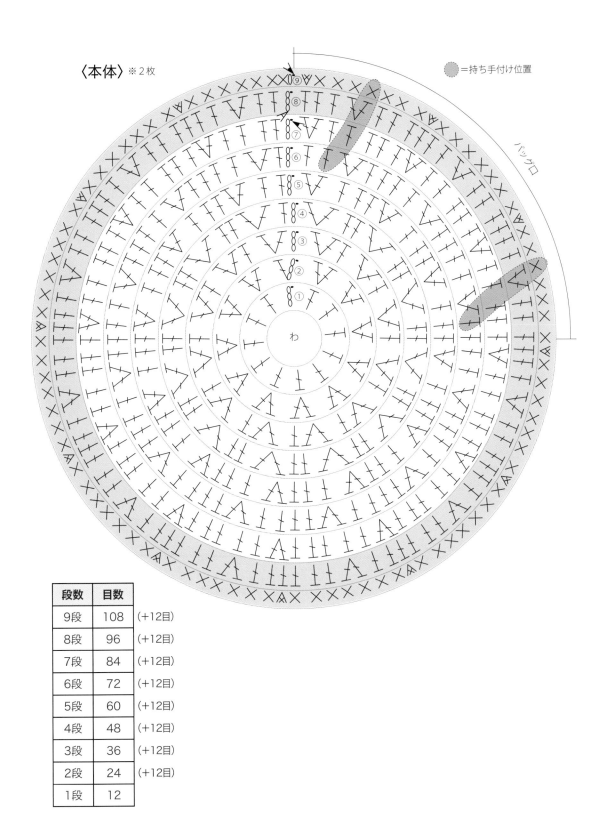

〈本体〉※2枚

●=持ち手付け位置

バッグ口

段数	目数	
9段	108	(+12目)
8段	96	(+12目)
7段	84	(+12目)
6段	72	(+12目)
5段	60	(+12目)
4段	48	(+12目)
3段	36	(+12目)
2段	24	(+12目)
1段	12	

㉖ がま口風サークルポーチ
作品掲載 ＊P.33（上段）

●用意するもの
〈使用糸〉
ウィスタークロッシェジュート〈細〉
#4（エンジ）：40g

〈針〉
かぎ針8/0号

〈その他〉
ビーズ20mm：2個
ミニハンドル

●ゲージ
細編みのすじ編み
11目12段＝10cm平方

●編み方
糸はすべて1本取りで、8/0号針を使用します。
①モチーフの1枚目をつくります。輪の作り目の中に細編み7目編み入れて輪にし、2段め以降はすじ編みで図のように増目しながら7段めまで編みます。8段めは、図のようにすじ編みを2目編んだあとに引き抜き編みと鎖編みを交互に編んで糸を切ります。
②モチーフの2枚目を作ります。1枚目と同じ要領で7段めまで編み、8段めの途中にビーズ用の穴を鎖編み3目で作ります。
③そのまま糸を切らずにモチーフの1枚目を外表に合わせ、引き抜き編みと鎖編みで編みとじます。
④1枚目のモチーフの図の指定位置の裏側と、2枚目のモチーフの図の指定位置の表側にビーズを付けます。最後に図の指定位置に持ち手を付けます。

〈寸法図〉

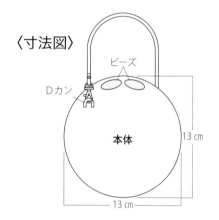

段数	目数	
7段	35	
6段	35	
5段	35	(+7目)
4段	28	(+7目)
3段	21	(+7目)
2段	14	(+7目)
1段	7	

〈本体（1枚目）〉

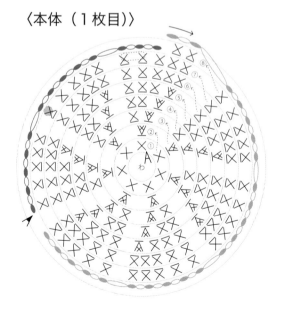

〈本体（2枚目）〉

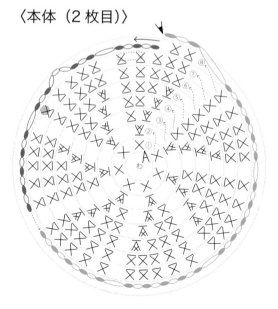

㉗ ドット柄のポーチ
作品掲載 ＊P.33（下段）

●用意するもの
〈使用糸〉
A糸／ハマナカ コマコマ #16（青）:75g
B糸／ハマナカ コマコマ #1（白）:10g

〈針〉
かぎ針8/0号

〈その他〉
玉付きファスナー16cm:1個
縫い針、縫い糸

●ゲージ
細編みのすじ編み
　12.5目13段=10cm平方

●編み方
糸はすべて1本取りで、8/0号針を使用します。
①A糸で作り目の鎖編み17目に細編み36目編み入れて輪にし、図のように増目しながら細編みのすじ編みで6段めまで編んで底を作ります。
②続けて側面を、増減目なしで図のように細編みのすじ編みで18段めまで編みます。19段めは図のように脇になる部分2ヶ所に引き抜き編み7目を入れます。
③ファスナーを付けます。縫い糸と縫い針で19段めの端とファスナーを半返し縫いで縫いとじます。
④B糸でドットモチーフを編みます。輪の作り目の中に細編み8目を編み入れます。ドットモチーフの裏側が表になるように配置し、お好きな位置にかがります。

〈寸法図〉

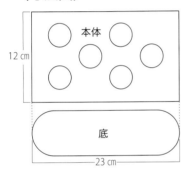

〈ドットモチーフ〉

段数	目数	
19段〜6段	56	
5段	56	(+4目)
4段	52	(+4目)
3段	48	(+4目)
2段	44	(+8目)
1段	36	

〈側面〉

〈底〉

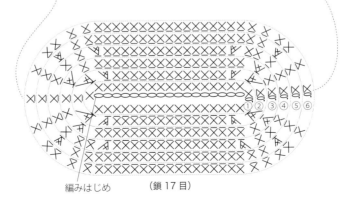

(鎖17目)

91

㉘ ボックスティッシュケース

作品掲載 ＊P.34

●用意するもの

〈使用糸〉
後正産業 MIEL #5（コルク）：130g

〈針〉
かぎ針8/0号

〈その他〉
スエードひも（オフホワイト）：50cm
スエードひも（ベージュ）：50cm
スエードひも（ブラウン）：90cm

●ゲージ
細編み　14目18段＝10cm平方

●編み方

糸はすべて1本取りで、8/0号針を使用します。

① 作り目の鎖編み45目に細編みの往復編みで19段編みます。20段めは、図のように取り出し口となる鎖編みを29目編み、再び20段めの終わりまで細編みを続けます。20段めが編み終わったら再び71段めまで細編みの往復編みで編みます。

② 本体を二つ折りにし、両サイドをかがります。

③ 持ち手を作ります。スエードひも3本を本体の指定位置に通して結び目を作り、三つ編みをします。反対側の指定位置に通し、結び目を作ります。取り出し口の両サイドの2ヶ所に20cmにカットしたスエードひも（ブラウン）を小さくリボン結びします。

〈寸法図〉

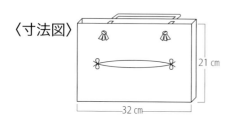

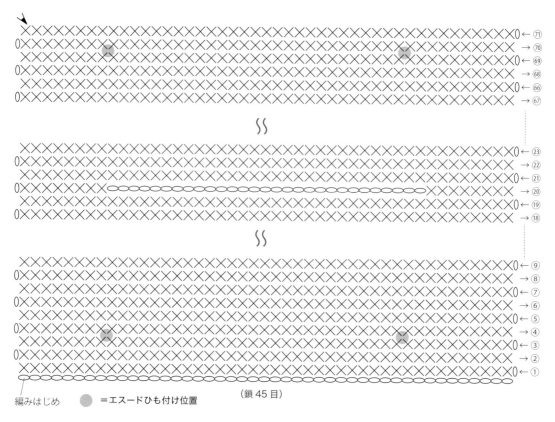

編みはじめ　●＝スエードひも付け位置

（鎖45目）

●用意するもの

〈使用糸〉
ハマナカ コマコマ#10（茶色）:115g

〈針〉
かぎ針8/0号

●ゲージ
細編み　12目14段＝10cm平方

●編み方
糸はすべて1本取りで、8/0号針を使用します。
①輪の作り目の中に細編み6目編み入れて、図のように増目しながら14段まで編み底を作ります。
②続けて側面を編みます。15段目は底の最終段の頭向こう1本と裏山を拾う細編みのすじ編みで編みます。続けて2段細編みを編み、18〜19段めは長編みの模様編みを図のように編みます。再び細編みを1段編み、21段めが編み終わったら、続けて図のように持ち手の土台となる鎖編み20目編みます。一度糸を休め、反対側の持ち手部分に糸を付け、鎖編み20目を編んで糸を切ります。休めていた部分からバック鎖編みで縁編みをします。

㉙ バスケット
作品掲載＊P.35

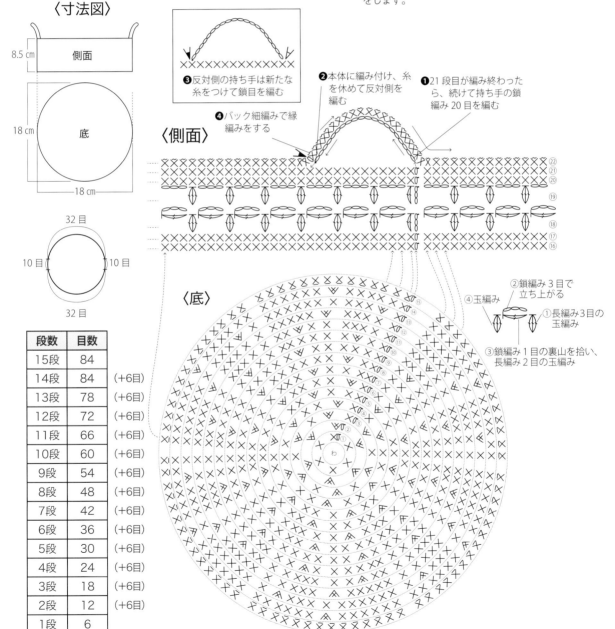

段数	目数	
15段	84	
14段	84	(+6目)
13段	78	(+6目)
12段	72	(+6目)
11段	66	(+6目)
10段	60	(+6目)
9段	54	(+6目)
8段	48	(+6目)
7段	42	(+6目)
6段	36	(+6目)
5段	30	(+6目)
4段	24	(+6目)
3段	18	(+6目)
2段	12	(+6目)
1段	6	

㉛ ㉜ がま口の小物入れ
作品掲載 ＊P.36

●用意するもの
〈使用糸〉
31　ウィスタークロッシェジュート〈細〉
　　#9（深緑）：30g
32　ウィスタークロッシェジュート〈細〉
　　（ナチュラル）：40g

〈針〉
かぎ針8/0号

〈その他〉
口金8.5cm（丸型）
縫い針、縫い糸

●ゲージ
細編み　12目14段=10cm平方

●編み方
糸はすべて1本取りで、8/0号針を使用します。
① 輪の作り目の中に細編み6目編み入れて、図のように増目しながら5段めまで編み底を作ります。
② 続けて側面を図のように増減目なしで14段目まで編みます。
③ ポーチ本体の最終段を口金にはさみ、返し縫いで縫い合わせます。

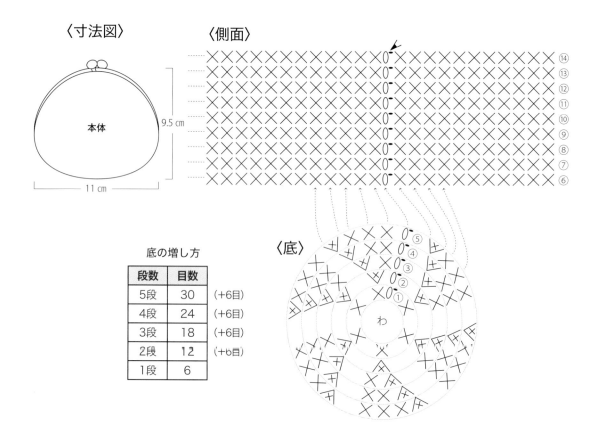

底の増し方

段数	目数	
5段	30	(+6目)
4段	24	(+6目)
3段	18	(+6目)
2段	12	(+6目)
1段	6	